教育のバトンタッチ
－より遠く・より深く－

東京農業大学厚木キャンパス
　教職課程
　苗川博史編

世音社

１．これまでの教員生活をふりかえって　杉原　敬弥
P.11 より

４．わたしの授業奮闘記　理科は楽しく安全に　山田　朋里
P.40 より

6．教員という仕事　小泉　幸太　　　　　　　　P.53 より

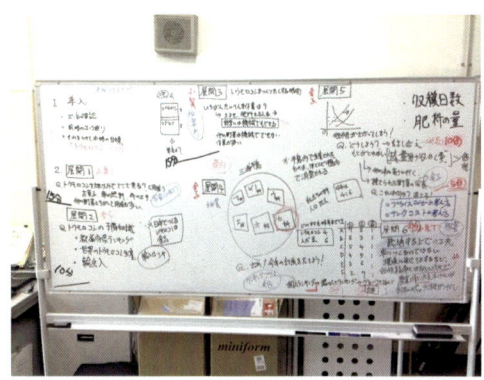

8．今日の一品で生徒の眼は輝く　江田　　匠
　　　　　　　　　　　　　　　　　P.72 より

10. 私の教育実践　井坂　伸樹　　　　　　　P.93 より

ウニ（海栗，雲丹）

世界に約850種
海藻やラン藻類を
食べて生活
寿命は約200年

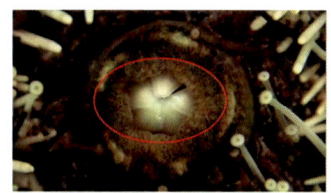

受精卵 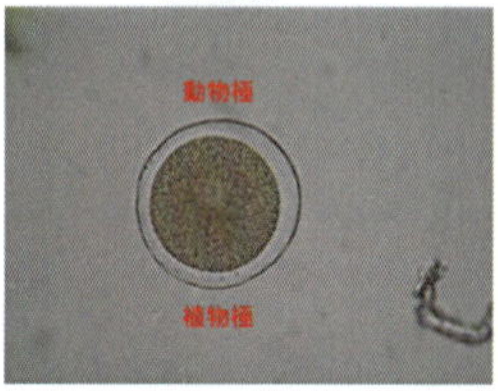　　2細胞期　　4細胞期

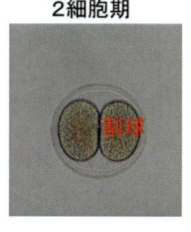

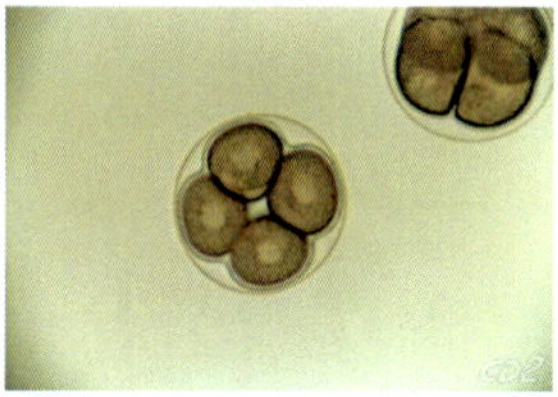

8細胞期 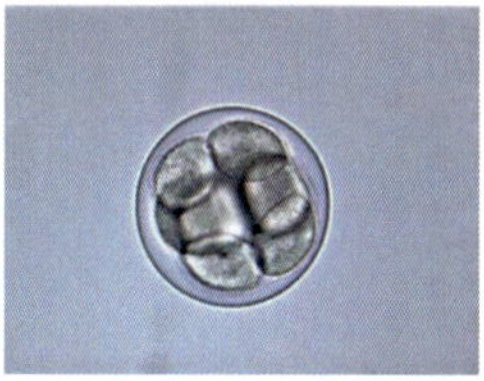　　16細胞期

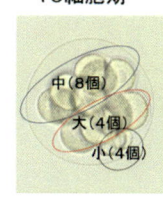

大割球・中割球・小割球ができる

vi

桑実胚

 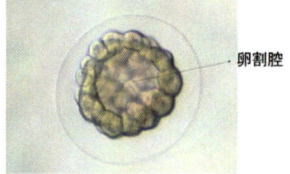
卵割腔

胞胚

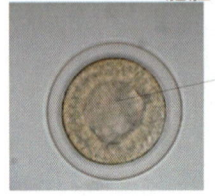
胞胚腔

原腸胚

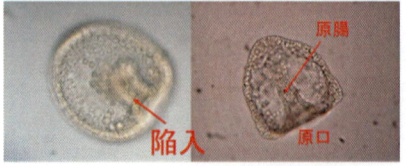
原腸
陥入
原口

プリズム幼生

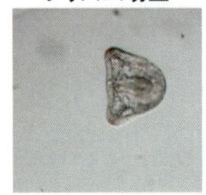

プルテウス幼生

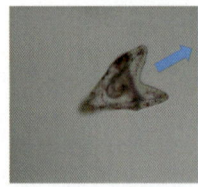 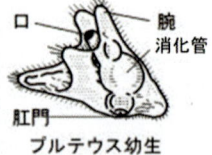
口　腕　消化管　肛門
プルテウス幼生

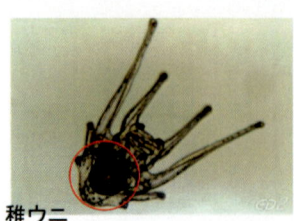
稚ウニ

まえがき

　本書は、2014年から2018年度に至る東京農業大学農学部の教職課程を履修したOB・OGおよび現在履修中の学生の中から、教育現場の現状報告や取り組んできたこと、現在学んでいること、学びつつあることなどを編者の苗川博史が編んだものである。これは、編者が2019年3月末日で農学部教職課程の任期が終了するのを節目に、編者と関わりのあったOB・OG教員には、これまでの教員生活を振り返って、また院生には、教職課程で学んだことや学びつつあることなどについて、それぞれ原稿を依頼し、さらには学部生には、授業中の課題の中から記載したものを編者が選んだもので構成されている。内訳は11名のOB・OG教員、4名の院生、1名の教職課程科目履修性、9名の学部生、計25名の文章から成り立っている。

　まず、11名のOB・OG教員について紹介したい。昨年秋（2017年）に編者と関わりのあった現職教員に原稿を依頼し、そのうちご返事をいただいたのが以下の11名である。

　杉原敬弥君は、2015年に畜産学科を卒業、現在は母校の宮城県大崎市立瀬峰中学校で理科教員として活躍されている。2011年の東北大震災の影響で入学を希望していた地元国立大学を受験できず、仙台で受験できた東京農業大学に滑り止め合格し入学してきた経緯を学部生の時に聞かされたことがあった。そのいきさつは本文にも紹介されており、当時の心境や本人の生い立ち、将来に対する志しや葛藤と焦燥など、現在の教員生活に至るまで克明に描かれている。

　真下知沙さんは、2015年に農学科を卒業、現在は群馬県立安中総合学園高校で農業科教員として活躍されている。編者が、厚木キャンパス教職課程の専任教員として就任した年に、模擬授業や教採試験対策などで指導した学生の1人であったことから強く印象に残っている。当時の学科紹介の欄に本人のことが紹介されており、入学後から教員としての道を進む決意であったことが理解できた。

　平澤怜子さんは、2015年に畜産学科を卒業、現在は神戸市立横尾中学校で理科教員として活躍されている。元々は宮城県出身であり、震災の

経験を別のところで、別の形で活かしたいということを聞かされたことがあり、神戸市を選択先とした学生の1人であった。教員採用試験対策では、書類の書き方、面接指導などで取り組んだことを思い出す。今回、現場からの報告に加え、学習指導略案を何枚も送ってくださり、後輩たちのために役立つ情報を寄与してくれた。

山田朋里さんは、2016年に農学科を卒業、川崎市立大師中学校の理科教員として勤務後に、現在は学童保育の現場で、教育活動に取り組みながら毎月科学実験教室を開催している。

学部2・3年次の理科教育法授業のレポートが際立って優れており、印象に残った学生の1人であった。川崎市の教員採用試験対策では、足繁く私の研究室に通い詰め、履歴書や自己アピール文および小論文の書き方、模擬授業指導などについて熱心に取り組んでいたことを思い出す。

吉澤冬弥君は、2016年にバイオセラピー学科を卒業、現在は母校の埼玉県立羽生実業高校で農業科教員として活躍されている。埼玉県の公務員試験と高校農業教員試験を合格して最後まで選択に迷い、相談を受けた学生の1人として印象に残っている。教員採用試験では圧迫面接にも対応できたバイタリティーのある元気な学生であった。また、日本酒を心から愛する学生でもあった。

菅原礼太郎君は、2017年に畜産学科を卒業、現在は栃木県立真岡北陵高校で農業科教員として活躍されている。本人は、大学院進学に内定していたものの、現場教員への募る気持ちを抑えきれず、縁あって現在の高校に勤務されているいきさつを持った学生の1人であった。教員採用試験にむけて、よく研究室を訪ねてきた学生の1人として印象に残っている。高校時代にお世話になった恩師のこと、農業クラブ・共進会で活躍したことなどを高校教員として活かしたいと述べていた思い出がある。

小泉幸太君は、2017年に農学科を卒業、現在は神奈川県立三浦初声高校で農業科教員として活躍されている。出身校である平塚農業高校の田中教諭からは、本人の高校時代の様子を聞かされたことがあり、何事においても熱心に取り組み、優れた印象を受けた学生の1人であった。事実、受験した年の神奈川県高校農業の採用試験においては、若干名採用のところを現役学生合格者の1人として際立っていたことが理解できた。

斎藤晧平君は、2017年にバイオセラピー学科を卒業、現在は山梨県立山梨農林高校で農業科教員として活躍されている。2年次からの編者の授業では、教室の最前列（教壇下）に着席しており、授業の準備や片付けなどを手伝ってくれた心優しい学生の1人として強く印象に残っている。本人は、地元青森県での教員を志望していたようだったが、縁があって現在の高校に勤務することになった。人とのつながりに恵まれており、仕事に充足している様子が、本文から読み取れることができる。

　江田匠君は、2017年に畜産学科を卒業、現在は神戸市立岩岡中学校理科教員として活躍されている。編者とは、2年次に伊豆・式根島のソラスズメダイ調査に同行し、素潜りの上手な海男の印象を受けた学生の1人であった。神奈川県に実家があるにも関わらず、神戸市を受験したパイオニア精神のある学生でもあった。編者の理科教育法授業において「今日の一品」の影響を受けたことが、現在の中学校理科授業で活かされていることを本文から読み取れることができる。

　田村夏希さんは、2016年にバイオセラピー学科を卒業、2018年に大学院バイオセラピー学専攻修了後、現在は日本体育大学荏原高校教員として活躍されている。学部の時には、全学応援団チアリーダー部員として活動し、勤務校においてチアリーダ部の顧問を務め、即戦力として評価されている。学部1年生のときから関わった学生だけに印象深く残っている。その内容の一部については、本文にも紹介されている。

　井坂伸樹君は、2018年に農学科を卒業、現在は茨城県立日立第二高校で理科教員として活躍されている。生まれも育ちも教師の家系であることが、迷わず教員生活を第1志望としたことを学生時代の本人の言動から理解できた学生の1人であった。何事も積極的で、物怖じせず、バイタリティーがある人物であった。編者の授業では、発問に対して必ず応答し、模擬授業の呼びかけにも積極的に協力しくれたのも本人であり、強く印象に残っている。今回の報告を読むと初年度の教員として何事にも熱心に取り組んでいる様子が伺われた。

　次は、大学院生4名を紹介する。

　金井一成君は、2016年に農学科を卒業、現在は修士課程農学専攻の2年生である。作物学研究室に所属し、研究に取り組んでいる。指導教授

も評価するほど多くの著作・研究論文を執筆し、国内外の講演も行っている。将来は、教員を視野に研究のできる職場環境を希望している。学部生の時から研究室に相談のためよく訪れたことで印象に残っている。大学院進学後には、研究に勢力を注ぎ、研究論文が出来上がると別刷りを持参しに来てくれた。

堀このみさんは、2017年に畜産学科を卒業、現在は修士課程畜産学専攻の2年生である。動物繁殖学研究室に所属し研究に取り組む傍ら、将来は特別支援学校の教員を視野に入れて、神奈川県と広島県の中学校理科教員採用試験の2次試験までの受験が終わっており、採用結果を待ち望んでいるところである。教員採用試験対策では、小論文と模擬授業、面接指導のため研究室に通い詰めた。

相澤拓朗君は、畜産学科を2018年卒業、現在は修士課程畜産学専攻の1年生である。動物繁殖学研究室に所属し研究に取り組んでいる傍ら、神奈川県立中央農業高校で農業科の非常勤講師を兼務している。

佐藤真子さんは、相澤君と同じく畜産学科を2018年卒業、現在は修士課程畜産学専攻の1年生である。動物生理学研究室に所属し研究に取り組んでいる傍ら、神奈川県立中央農業高校で農業科の非常勤講師を兼務している。

山田吉弘君は、農学科を2018年に卒業、現在は教職課程の科目履修性として「職業指導」1科目を取得するために大学に通い、また教員になるために採用試験勉強に取り組んでいる。現時点においては、北海道、千葉県、愛知県の高校農業の2次試験までの受験が終わっており、採用結果を待ち望んでいるところである。教採に対するハングリー旺盛な精神やその姿勢には共感を覚えるものである。2次試験対策に至るまで論文指導、面接指導、模擬授業指導など時間の許す限りの面倒を見た学生である。1日にも早く教育現場に勤務することを願うばかりである。

最後に紹介するのは学部4年生3名、3年生3名と2年生の3名である。農学部3学科から将来教員を希望している教職課程履修の学生をそれぞれ1名ずつ編者が選んだ。4年生には、教職課程を通して学んだこと、これまでの教員採用試験に至る過程までをお願いした。2・3年生には、編者の理科教育法の授業で提出したレポートに記載した中から教師

を目指そうとしたきっかけ、今日の一品について、学んだことを今後どのように活かすかをまとめた。

林美希さんは、現在農学科の4年生で、2019年から高校農業科教員を希望しており、岐阜県の2次教員採用試験までの受験が終わっており、採用結果を待ち望んでいるところである。

上山尚君は、現在畜産学科4年生で、2019年から高校理科教員を希望しており、神奈川県の2次教員採用試験までの受験が終わっており、採用結果を待ち望んでいるところである。

大山佳菜さんは、現在バイオセラピー学科の4年生で、2019年から高校農業科教員を希望しており、千葉県の2次教員採用試験までの受験が終わっており、採用結果を待ち望んでいるところである。

山本葵さんは、現在農学科3年生で、2020年に中学高校理科教員を目指して勉学に取り組んでいる。

佐藤桃子さんは、現在畜産学科3年生で、2020年に農業高校教員を目指し勉学に取り組んでいる。

山下愛海さんは、現在バイオセラピー学科3年生で、2020年に中学高校理科教員を目指し勉学に取り組んでいる。

長谷川萌さんは、現在農学科2年生で、2021年に中学校理科教員を目指し勉学に取り組んでいる。

宮澤宏大君は、現在畜産学科2年生で、2021年に中学校理科教員を目指し勉学に取り組んでいる。

三枝俊介君は、現在バイオセラピー学科2年生で、2021年に中学高校理科教員を目指し勉学に取り組んでいる。

今回の原稿を読み返してみると、これまで編者が取り組んできた教職課程の授業や教育実習に至るまでの指導および教員採用試験対策指導など学生指導場面が走馬灯のようにいくつも蘇ってくる。現在、松尾芭蕉「奥の細道」の「月日は百代の過客にして、行きかふ年も又旅人也」の場面が自然と思い浮かんでくる心境である。これまでに関わった学生たちは、執筆した25名以外にも数多く存在する。時間の関係で執筆を断念せざるを得なかったOB・OGもおり、また掲載したかった現役生のレポートも数知れない。

出版に際し、農大教職課程を巣立ち、教育現場で日夜奮闘し続けている教師たちとこれから教師を志して取り組んでいる現役生たちにはエールを送りたいと思う。教育の成果は、決して短期間で出てくるものではない。しかし、少なくともこの5年間実践してきた編者の「今日の一品」教育のように、今後も語り継がれていくものがあれば、1つの遺産として伝わっていくに違いない。
　何年か後に、この続編の出版を夢みている。その日に向けて、また明日からの新たな実践活動を後進の皆さんに期待している。

　　2018年　中秋の名月の日に　　　　　　　　　　　　　苗川　博史

目　次

1. これまでの教員生活をふりかえって　　　　杉原　敬弥　P11
    はじめに　11
    教師を志す　11
    教壇に立つ　13
    東日本大震災の経験　27
    おわりに　31

2. 安中総合学園高校教員として過ごした日々　山田　知沙　P32
    教科指導　32
    部活動　33
    担任　33
    現場での教材研究・教材開発などの実践・記録　33
    教職を目指す後輩たちへのメッセージ　33
    農大教職課程で学んだことや思い出　34

3. 教師を目指す後輩の皆さんへ　　　　　　　平澤　怜子　P35
    研究授業指導案　37

4. わたしの授業奮闘記　理科は楽しく安全に　山田　朋里　P40
    「来年も理科は山田先生の授業がいいな。」　40
    楽しくやりたい！でもまずは「命」の安全が第一です　40
    年度初めの「はじめまして」の授業メニューは、大好きなハーブの香りから　43
    最後に　46

5. 私の目指す農業教員像　　　　　　　　　　吉澤　冬弥　P48
    はじめに　48
    農業を通して生きる力を育める教員　48
    生徒に寄り添った指導のできる教員　49
    まとめ　49
    一年を振り返って　49
    クラス写真　51

6．教員という仕事　　　　　　　　　　　　　小泉　幸太　P53
　　《授業づくり》　53
　　　①見通しを立てた年間指導計画　53
　　　②授業のストーリー性　54
　　　③発問の内容とタイミング　55
　　　④全てが教材　55
　　《思い入れのある授業》　56
　　　①コラボ授業　56
　　　②ストーリー性のある授業　59
　　　授業への思い　60
　　　最後に、教員を目指す人へ　61

7．農大教職課程で学んだこと　　　　　　　　齋藤　皓平　P69
　　教育現場における教科指導・部活動・生徒指導などの実践や記録　69
　　現場での教材研究・教材開発などの実践や記録　70
　　教職を目指す後輩たちへのメッセージ　71
　　農大教職課程で学んだことや思い出など　71

8．今日の一品で生徒の眼は輝く　　　　　　　江田　匠　P72
　　授業の導入に今日の一品　72
　　今日の一品（特別ver1）　84
　　今日の一品（特別ver2）　85
　　今日の一品を行うに当たって　86
　　夏休みの自由研究　87

9．農業高校教員までの道のりと現在の仕事　　菅原礼太郎　P88
　　はじめに　88
　　本校紹介　88
　　現場での教科指導・教材研究　89
　　　①畜産　89
　　　②農業情報処理　90
　　　③農業機械　90
　　現場での教材研究、教材開発などの実践や記録　91
　　教職を目指す後輩たちへのメッセージ　92

10. 私の教育実践　　　　　　　　　　　　　　井坂　伸樹　P93
　　私の赴任校について　93
　　教科について　93
　　部活動について　93
　　教科の実践について　93
　　生徒指導について　94
　　後輩たちへのメッセージ　94

11. 苗川博史教授ご退職に寄せて　　　　　　　田村　夏希　P96

12. 教員を目指す学生へのアドバイス　　　　　金井　一成　P101
　　1. はじめに　101
　　2. 苗川先生の授業　101
　　3. 魅力的な授業とは何か？　102
　　4. 生徒にとって良い教員になるには　103

13. これまでの教員採用試験に至るまでの過程　堀　このみ　P105
　　①教職を目指す後輩たちへメッセージ　105
　　②農大教職課程で学んだことや思い出　106

14. 非常勤講師として学んだことと後輩へのメッセージ　相澤　拓朗　P107

15. 人生のターニングポイント　　　　　　　　佐藤　真子　P110

16. 農業高校の教員を目指す後輩たちへ　　　　山田　吉弘　P113
　　(1) 受験地　113
　　(2) 一次試験の種類と対策　113
　　(3) 勉強について東大生に聞いてみた　115
　　(4) 最後に　116

17. 4年間の教職課程で学んだこと　　　　　　林　美希　P117
　　1. 大学生活と教職課程　117
　　2. 教員採用試験　117
　　3. 後輩たちへメッセージ　118

18. 教員採用試験に至るまで　　　　　　　　　上村　尚　P119

19. 生徒を笑顔に出来る先生を目指して　　　大山　佳菜　P122

20. 理科教育法Ⅱ授業の中から　　　　　　　山本　葵　P124
    「教員志望の理由」　124
    「理科教育法Ⅱを学んで」　124
    「今日の一品の模擬授業を今後の生活にどのように活かしていきたいか」　124

21. 理科教育法Ⅱ授業の中から　　　　　　　佐藤　桃子　P125
    「教員志望の理由」　125
    「理科教育法Ⅱを学んで」　125
    「今日の一品の模擬授業を今後の生活にどのように活かしていきたいか」　125

22. 理科教育法Ⅱ授業の中から　　　　　　　山下　愛海　P127
    「教員志望の理由」　127
    「理科教育法Ⅱを学んで」　127
    「今日の一品の模擬授業を今後の生活にどのように活かしていきたいか」　128

23. 理科教育法Ⅰ授業の中から　　　　　　　長谷川　萌　P129
    「これまでの学校教育の中で影響を受けた理科授業または理科教師について」　129
    「理科教育法Ⅰを学んで」　129

24. 理科教育法Ⅰ授業の中から　　　　　　　宮澤　宏大　P130
    「これまでの学校教育の中で影響を受けた理科授業または理科教師について」　130
    「理科教育法Ⅰを学んで」　130

25. 理科教育法Ⅰ授業の中から　　　　　　　三枝　俊介　P131
    「これまでの学校教育の中で影響を受けた理科授業または理科教師について」　131
    「理科教育法Ⅰを学んで」　131

執筆者紹介　　　　　　　　　　　　　　　　　　　　　P132

編者紹介　　　　　　　　　　　　　　　　　　　　　　P136

1．これまでの教員生活をふりかえって

杉原　敬弥

はじめに

　「教員に向き不向きはない。情熱があるかどうかだ。」大学時代に教職課程の教授から言われた言葉です。現在，私は教員として4年目を迎えました。向いているかどうか未だにわかりませんが情熱は誰よりもあると自負しています。そんな情熱に満ちた3年と数か月の教員生活の中で感じたことや考えたこと，教育実践などを書かせていただきました。それ以外にも教員になるまでの道のりなども紹介させていただいております。学生向けに読みやすいようかなりフランクな書き方になっています。ご了承ください。つたない文章ではございますが若手教員やこれから教師を目指す学生や社会人の皆様のご参考になればと思います。

教師を志す

　「中学校の先生になりたい。」そう考えたのは高校を卒業してどこの大学にも入れずに浪人生活をスタートさせた2010年4月のことである。河合塾仙台校に入学して初日，志望校を書くときに本気で自分の将来について考えた。ちなみに私の家は歯科医院である。父が院長を務める「すぎはら歯科医院」の長男坊である私は物心がつく頃から周りの人たちから「将来は歯医者を継ぐんでしょう？」という勝手な期待と無言のプレッシャーを感じながら生きてきた。そんな私も将来は歯医者になるだろうと中学高校と生活してきた。中学の頃はすべてがうまくいき県内でも有数の進学校に入学したがその学校では勉強にほとんどついていけず（部活にのめりこみ努力を怠ったのもある）学力がほとんど中学校レベルで止まったまま卒業式を迎えた。歯学部を受けてはみたものの当然不合格。これまでの怠惰を後悔し，懺悔の気持ちで浪人生活を始めた。そして改めて自分の将来を考えた。本当に歯医者をやりたいのか？自分の特長は何だ？……そう考えたときに私の長所は良くも悪くも器用貧乏で

あることであった。自分で言うのは非常に憚られるのだが私は運動もできて，絵も描けて，歌も歌えて，勉強（中学レベルは）もできる。中学校の先生は部活の顧問もやるし免外で他の教科も教えることもあるから向いているかもしれない！と自分の将来が見えた瞬間であった。幸い父親は「自分のやりたい仕事をしなさい」という考えであったため歯医者を継ぐ必要はなかった。意志が固まりその日から高校の勉強を取り戻す日々である。毎日何時間も勉強した。たまに受ける模試の結果に一喜一憂し，復習をする。そして予備校の授業では一言一句，聞き漏らさぬよう集中して講義を受けた。夢に向かって努力する毎日は充実しているものの精神的に疲弊していく。そんなとき支えてくれたのは高校2年生のときからお付き合いをしている彼女の存在であった。彼女は優秀だったので県内の大学に現役で合格していた。一般的な大学1年生は新たな出会いを求めて楽しいキャンパスライフを謳歌するものであるが，彼女は浪人する私を見捨てずに献身的に励ましてくれた。「来年はもっと会えるから。」月に一度のデートではこのセリフを何度言っただろうか。私の第一志望は県内の教育大であった。県内には私立の教育学部（理科の免許が取れる）がないためその教育大に受からなければ必然的に県外に出なければならない。「恋は盲目」とはよく言ったものである。私は将来の夢よりも彼女と離れたくないがために勉強に勤しむようになってしまっていた。

　そして迎えたセンター試験。1年間の勉強の成果が試される日がついにきた。試験当日の朝，彼女からメールが届く。「大丈夫。自分を信じて。」勇気が出た。と同時にそれ以上の不安に押しつぶされそうになった。今日の結果次第で遠距離になってしまうかもしれない…。これは経験から言えることだが勝負事でネガティブな気持ちを持った瞬間に敗戦ムードまっしぐらである。試験は前向きな気持ちで希望をもって受けることが合格への近道だと今となってはそう思う。センター試験の結果は読者の皆さまの予想通り。過去の模試でも考えられない記録的な大敗を喫するのである。例えるならば2005年3月27日に行われた千葉ロッテマリーンズ対東北楽天ゴールデンイーグルス第2戦。26−0で楽天が負けたのだが私としてはそれくらいの衝撃的な大敗であった。

このまま第一志望の教育大に出願しても合格の可能性はかなり低い。二次試験で挽回できないほどセンター試験の結果が悪かった。そして私立大学の滑り止めであるセンター利用さえも利用できないほどセンター試験の結果が悪かった。当時の私の精神状態はかなり荒んでいた。1年間必死に勉強をしてきたが結果が出なかったことでひどく落ち込んでしまった。そして彼女のことを思えばそのショックは何倍にもなって私を傷つけた。今思えば，だいぶ大人になった今振り返れば，人生そんなこともあるさと思える。努力が報われないことなんてざらにある。しかし，そのような経験のなかった杉原少年は人生の終わりかのように落ち込んだ。

　第一志望の教育大に出願することは諦め，東北のある県の国立大学に出願することに決めた。そしてセンター利用をすることができなくなったため滑り止めの私立大学は一般入試で受けることにした。その滑り止めに選んだ学校こそが東京農業大学（以下農大と表記）である。滑り止めに農大を選んだ理由は中学の理科の免許が取れることと仙台で受験ができるというそれだけである。特に他には理由がなく（農大の素晴らしさは入学後に気づきました），国立大学に入れると思っていたので深くは考えずに受験した。そして農大の試験は無事合格した。

　国立大学の前期日程の日を迎えた。受験科目は生物，英語，数学だったと思うが記憶が定かではない。手ごたえとしては悪くなかった。センター試験で落ち込んだがなんとか東北内にとどまり彼女を安心させたい気持ちの一心で勉強に打ち込んできた。そして合格発表の日，今は大学のサイトで結果を見ることができる。合格発表のページを開き下にスクロールしていく。そこに私の受験番号はなかった。結果に対してどう思うか，どう感じるかはそこに至るまでの過程が関係している。不合格に涙し，センター試験の時と同様，またひどく落ち込んだ。

教壇に立つ

　話がかなり飛躍してしまったが，この本は苗川先生の教え子たちの教育実践などの紹介がメインである。第1章をこのまま書き続けると私の自叙伝となってしまうので続きは後ほど…。この章では実際に教員とし

てどう働いているのかを紹介したいと思う。
　私は今年で教員4年目となる。所属校は宮城県北部に位置し，田園地帯が広がる地域の学校である。この学校が私の初任校なのだが偶然にも母親の母校でもあった。生徒も純朴な子たちで生徒指導も少なく落ち着いている。このように恵まれた環境の中で教員人生をスタートさせることができた。これまで私が任されてきた仕事は以下のようなものである。
<u>1年目</u>　2年生担任，女子バレー部顧問，生徒会担当
<u>2年目</u>　1年生担任，男子バスケ部，特設陸上部顧問，生徒会担当，視聴覚担当
<u>3年目</u>　2年生担任，男子バスケ部，特設陸上部顧問，特別活動主任，視聴覚担当
<u>4年目</u>　3年生担任，男子バスケ部，特設陸上部顧問，特別活動主任，学校再編生徒会部会　部会長
これにプラスして当然ではあるが理科の授業も複数学年もつ。小さい学校だからこそベテランや若手など関係なく仕事を任せられることもあり，まだ4年目ではあるが様々な経験をすることができた。まだまだ若輩者である私などが教育活動について多くを語ることはできないがこれまで実践してきたことを項目別でまとめ，紹介する。

・学級経営
私は幸運にも毎年担任をもたせていただき，全学年経験できている。学級経営は学年ごとに1年間の目標がある。一般的に学級経営は1年生に関しては中学校生活に慣れること，2年生は中だるみしないこと，3年生は自立することなど，様々あるがその地域や学校，学年の方針などによって大きく変わるので柔軟に対応していきたい。そしてこれは私が公立中学校に勤務しているからこそ考えていることだが，公立の中学校は生徒の成績や家庭環境など関係なくその地域の子たちが集まってくる。担任としてどんな子どもも受け入れる器量や度量を持ち合わせていたいものである。
学級経営で大切だと考えることは1年間でストーリーを作ることである。4月に学級が始まり，3月にどんな終わりを迎えたいのか。実際には予

想できないトラブルも多々あるので思い通りにはいかないがある程度の見通しをもちたい。そしてそれを生徒と共有するものが学級目標である。1年目や2年目の先生は形式的に決めてしまっている（実際私もそうだった…）のだが，生徒と一緒に真剣に考えることで行事などの取り組みが良くなると思う。実際の学級目標を紹介しよう。

〇「キセキ〜奇跡を起こして，軌跡を残す〜」

これは3年目に2年生を担任した時に作った学級目標である。
この年は学級開きの際に「来年は3年生で行事では後輩を引っ張っていかなければならない。色んなことに挑戦する1年にしてほしい。」と伝えていた。そして学活の時間に生徒が自分たちで話し合いこの学級目標に決まった。この学級目標の意味は「今までやったことのない挑戦をして全校があっと驚くようなことを成し遂げよう」というものだった。実際にどんな挑戦をしたかというと，

① 　自学カウントアップ
自学というのは自主学習の略で，生徒が家庭で行った勉強を提出することである。好きな教科を勉強したら担当教科の先生に提出して添削なり丸付けなりをしてもらうというものであるが,あくまでも強制ではない。学級には当然勉強が得意ではなくほとんど自学を提出しない生徒もいる,にもかかわらず全員提出をして連続で何日できるかを数えようという企

画がこの自学カウントアップだった。担任として，生徒を信じていないわけではないが正直一週間ほどで終わるだろうと考えていた。少しの間でも楽しむかと全員提出が成立する毎に教室掲示を作っていった。しかしこの企画が意外と続く。そしてどれだけ続いたのかというと，なんと学年が終わるまで続いた。日数にして165日。信じられなかった。提出できない日（行事や先生方の出張など）を除いてすべての日に全員自学を提出したのだった。恐るべし我が子たち。

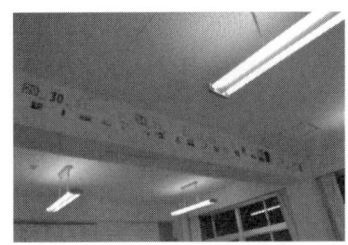
教室の上部に掲示されている。

1日毎に1枚増えていく。

100日目達成記念で作成した掲示物
100は人文字。校庭で寝そべって撮影した。

1．これまでの教員生活をふりかえって

②運動会での新記録
　所属校では6月末に運動会が開催される。全校生徒数が120人ほどの学校のため赤と青の2色に分かれての競技である。行事において2年生というのはどっちつかずの学年である。初めてでもなければ後輩を先頭に立って率いるわけでもないため士気が上がりづらい。中だるみ学年の気風もあいまって「応援とかだりぃ～」「3年生うぜぇ～」という声がでることもある。私はそんな2年生を運動会で大活躍させるべくやはりここでも学級目標を活用した。「出場競技全勝してみないか！？」と問いかけた。過去に出場競技を全勝する学級など見たことがなく，達成できれば間違いなく奇跡であり、学校の歴史に残る。その日から生徒たちは空き時間を使って競技の作戦を練り始めた。ある生徒はネットで綱引きのコツを調べてきて「重心がポイントなんだ」と力説した。ある生徒は競技毎に作戦書を作ってきた。競技毎にどう戦うのかを考え抜き，練習していた。そして運動会の結果はというと，なんと本当に全勝してしまったのである。学級で出場する種目「綱引き」「玉入れ」「タイヤ引き」「背渡りリレー」「長縄跳び」すべてで勝利を収めた。玉入れに至っては74個を入れ学校記録を樹立した。恐るべし我が子たち。

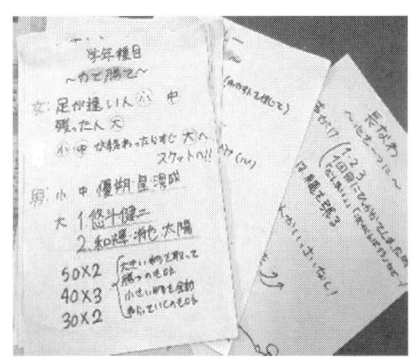

作戦が書かれた紙。

運動会の時の私。
青組だったのでドラえもんの恰好で参加。

行事毎に描く黒板アート。

③文化祭での取り組み

　所属校の文化祭は10月末に行われ，内容としては弁論や委員会，有志団体などによる発表，合唱コンクール，美術作品などの展示である。前述したが2年生というのは…の学年である。中だるみ学年の気風もあいまって「合唱めんどくせ～」「出し物とかだりぃ～」という声がでることもある。そしてそんなとき私は文化祭では何と問いかけたかというと「合唱で最優秀賞とれるんじゃないか？」だった。最優秀賞は例年，3年生が受賞する。決まりではないがやはり最上級生の意地と3年間で培った合唱の技術，男性パートの安定（変声期が終わるため）などの要素が相まって過去何年間も3年生の学級が最優秀賞であった。しかし，これまで数々の伝説（？）を打ち立ててきた私の学級ならば最優秀賞も可能だと考えた。目標が定まると生徒は自分自身で動き出す。パートリーダーを中心として「あーでもない」「こーでもない」と合唱練習に打ち込んでいった。担任として一番感動したのは朝，学級に入ると合唱の歌うときのポイントが黒板にびっしりと書いてあったことだ。現代の子どもたちは消極的で自分から動こうとしない。指示が与えられれば動くといったいわゆる指示待ち人間が多いと言われているがこの学級の子たちは全く当てはまらないと感じた。生徒自らで動き，教え合い，日に日にうまくなっていく合唱を聴いて担任冥利に尽きるなとつくづく思ったものである。そして結果はというと，惜しくも優秀賞。しかし堂々の第2位である。終わった後の生徒の感想は「練習の方がうまく歌えていたから

1．これまでの教員生活をふりかえって

すごく悔しい。」であった。「結果に対してどう思うか，どう感じるかはそこに至るまでの過程が関係している」と誰かが言っていた。本気で取り組んだからこそ湧き上がる悔しさ。それは最優秀賞以上に価値のある経験だったのかもしれない。

朝，学級に行くと生徒たちが合唱の話し合いをしていた。

学級の出し物で熱唱する担任。

学級の出し物が千と千尋の神隠しにちなんだものだったので黒板には登場キャラクターが。

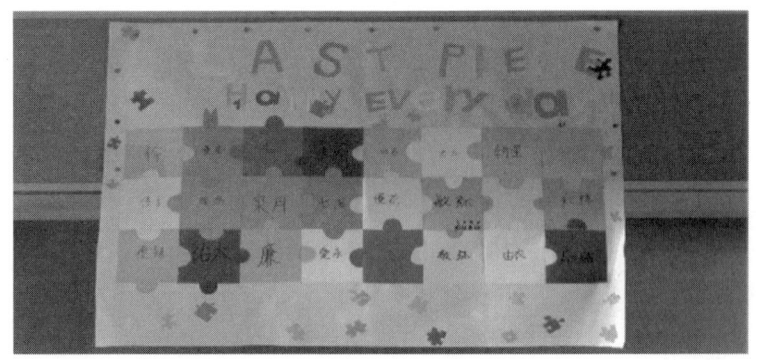

○LAST　PIECE〜happy every day〜

　私の所属校は少子化により，来年度から隣の中学校と合併となり再編されることになっている。つまり今年度でこの中学校は終わってしまう。私は今年3年生を担任しているのだが，最後の学校の最後の卒業生ということで学級目標はLAST　PIECE〜happy every day〜となった。意味は中学校の長い歴史の最後のピースを埋めようというもの。ジグソーパズルをイメージしていただければと思う。教室掲示も工夫した。ピースが一つ欠けている。学級が始まってまだ半年も経っていない（執筆作業現在2018年8月中旬）のだが，6月末に行われた運動会では忘れられない，生涯忘れないだろうと思う出来事が起きた。とても感動的だったので私は学級通信にそのエピソードを載せ紹介した。以下の文章は学級通信に掲載したものである。

「あの出来事，書かせて紅？」
運動会前日，最後の応援練習。本番同様に演技をする。時間を測ったところ「5分30秒」。応援のルールは5分以内。1分近くのオーバーは大幅な減点である。指揮台近くで見ていた先生たちは口々に「ちょっと長いな…。」と言っていた。私は生徒のもとに駆け寄り，幹部を集め，伝えた。「このままでは時間オーバーで減点，審査に大きく影響する。どこか削らないと……。」生徒は意見を出し合う。「最後の赤優勝のとこか？」「いや，紅を一番だけ歌えばいいんじゃない？」「いやどっちにしろ30秒は削れない，大きなところをなくさないと。」……様々なパターンをシミュレーションしたが正直，どこも削れない。

それは私も幹部も思っていた。しかし，このままでは優勝を逃してしまうかもしれない。沈黙が続く。練習時間は5分を切っていた。そのとき，誰かが言った。「優勝しなくてもよくないか？この応援をやりたい。」一瞬，その場に風が吹いたような錯覚に陥った。「そうだよ。今まで勝とうと思ってやったことなんてなかった。」「自分たちで考えた応援をかっこよく決めたい。」幹部たちのなかでなにかが吹っ切れた。しかし，それは幹部だけの考えである。応援は幹部だけのものではなく，1年生，2年生とともに作りあげてきたもの。私は幹部に全員に聞くように促した。優勝を逃す可能性のある提案をすんなり受け入れるだろうか。少しでも反対されればチームワークは崩壊する。団長が全員を集め話した。「このままの応援では時間がオーバーしています。どこかを削るか，そのままいくか。そのまま演技すれば優勝できないかもしれません。」

　全員の表情が一瞬曇ったがすぐに2年生から意見がでた。「このままやりたい。」「だってこの応援楽しいから。」「みんなの動きがそろったらかっこいい。」「優勝しなくてもいい，この応援やろう！」1，2年生も3年生と同じ思いだった。全員の思いが一つになった瞬間でもあった。

私はこのとき自分が恥ずかしく，情けなく思った。優勝のために時間を気にして，どこかを削ったほうがいいという考えを生徒たちは簡単に超えていったからである。

運動会は何のためにするのか。応援ってなんのためにするのか。答えは一つではなく，明確なものなんかない。しかし，赤組が見せてくれたこの姿はひとつの正解のような気がした。1，2年生が3年生の思いに同調してくれたのは，それだけ3年生が「かっこいい応援」「やりたい応援」を作ったからだとも思った。空いてる時間や放課後，必死に考えた応援があったからこそである。

　そして本番を迎える。快晴の下に響き渡る「いくぞー！！」の声。少しの静寂の後，3年生によるダイナミック琉球。熱く，澄んだ空気を切り裂く全員での合唱。隊形変化。迫力のあるエール。団長の大きな声に引っ張られ全員が今までで一番の声を出した。校歌の波の間か

ら見える生徒一人ひとりの表情はとても楽しそうだった。そして走りながら，楽しみながらの紅。「紅に染まった俺たちを倒せる奴はもういない。」覚悟を決めた赤組にぴったりのフレーズだと思った。最後の太鼓が鳴り，走り去って行く赤組。後姿はとても清々しかった。これまでで一番の応援を見せてくれた。最高の応援だったと思う。
　結果は見事，優勝。おそらく5分は越えていたがそれ以上に素晴らしい応援だったことが評価されたのだろう。しかし，結果よりもなによりも，思い出に残る応援だった。本当にいい応援を見せてくれた。ありがとう。そしてお疲れ様でした。

補足だが，運動会は競技の部と応援の部とあり，競技の部は種目の獲得点数によって争う。応援の部は校長，教頭，地区の学校評議員の方々などが審査員として優勝を決める。赤組である私の学級はその2つの部門での優勝を目指して，「一赤二勝〜W 優勝させて紅？〜」というテーマを掲げ運動会に臨んでいた。残念ながら競技の部では敗れ W 優勝とはいかなかったのだが，応援の部での優勝が生徒たちにとって何よりも嬉しかったに違いない。運動会が終わった後，応援団長からの提案で協力してくれた1，2年生に感謝の気持ちを伝えに行くことになった。各教室を回り，大きな声で「ありがとうございました！」とあいさつをした。何かをやりきった後は感謝の気持ちしか出てこないと以前校長から言われたことがあったのだがまさにその通りだと思った。この3年生の姿勢が後輩たちに受け継がれ，来年も素晴らしい運動会を作り上げてくれることを願っている。

応援が始まる場面。
一斉に駆けてくる。

赤組だったので担任はスパイダーマンとして参加。

1．これまでの教員生活をふりかえって

恒例の黒板アートは紅にちなんだイラスト。

・理科教育

　改めて言うが，私は中学の理科教員である。ちなみに中学生のころ一番得意だった教科は社会である。ではなぜ理科教員になったのか。理由は2つある。1つ目は自分の長所を活かせることである。私は手先が器用で，絵を描くことが得意である。理科という教科は実験を行い，図やイラストなどを使って解説するため自分の長所を活かし素晴らしい授業ができると思った。2つ目は理科が様々な教科の中で一番人類の生活を豊かにできる教科だと考えたからである。具体的にはiPS細胞。人類史上で最も偉大な発明の一つではないだろうか。これまでに治療が困難であった難病や重症な怪我に希望の光が差し込んだ。これは紛れもなく理科の知識が土台となっている。当然，そういった偉大な研究をするためには大学に入る必要があり，入学試験では様々な教科の試験を受け，研究には数学の知識が，共同で研究するには語学力が，などなど言い始めたらきりがないが理科の知識なくして発見はされなかっただろう。このように理科には人類の新たな可能性を切り開くロマンがつまっている。また，先人たちが発見してきた法則や定説を現代人は発展させていかなければならない。そんな素晴らしい教科を生徒たちに伝えたいと思い理科教員になった。

〜授業で大切にしていること〜
理科教育の目標は学習指導要領に記載されており，当然この目標の下，授業を行っているがもう一つ大切にしていることがある。それは「理科

23

は楽しい」ということを生徒と共有することである。生徒にとって勉強の何が苦痛かとういうと教室でじっとしていて先生がよくわからない専門用語を並べてべらべらとつまらない話をしていることである。理科はその点，外に出たり実際に物を触ってみたりなど体全体や五感を使って学ぶことができる教科である。私は実物教授に重きを置いて授業を行っている。これは大学時代に苗川先生から教えていただいた「今日の一品」という授業法に基づいている。授業ででてくる物を実際に見せると生徒は一気にそれに注目する。それだけで導入としては成功である。そして記憶にも残りやすい。確かに毎回の授業で実物を用意するのはそれだけで一苦労だが教師は授業力で勝負と言われているのでこれからも労を惜しまず準備していきたい。それでは実際にどんな物を用意したか紹介しよう。ちなみに教科書は新しい科学（東京書籍）を使っている。教科書に記載されている実験（発展も含め）はすべて行っているのでそれ以外で工夫した点を紹介する。

①プラナリア

プラナリアは扁形動物門ウズムシ綱ウズムシ目ウズムシ亜目に属する動物の総称である。生殖を学習した際に紹介した。プラナリアは有性，無性どちらの生殖様式も可能である。またその再生能力から再生医療でも注目されていることを授業で話した。授業では実際に切ってみせ，学級で2つに割れたプラナリアが日に日に再生していく様子を観察した。約2週間かけて切ったときと同じサイズまで再生した。ちなみにプラナリアは採取してくることも可能だが，きれいな水を好むので川の上流部まで行く必要がある。私はネットにて10匹1000円ほどで購入した。プラナリアは温度が27℃以上だと死んでしまうので現在（2018年8月）は自宅の冷蔵庫にて飼育中である。

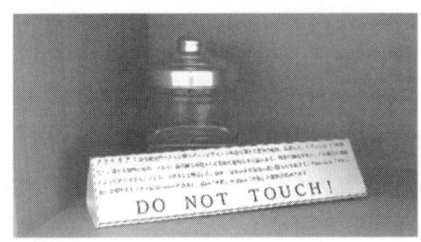

教室の棚にて再生中。
日光にも弱いので光が当たらない場所に置いておく必要がある。

②鶏の心臓

　心臓は血液の循環について学習する際に学ぶが，鶏の心臓を代用して実験を行う。鳥類の心臓も哺乳類と同様に２心房２心室であり，比較的安価で手に入ることから実験材料として適当であると考える。実験方法としてはまず心臓についた脂肪をきれいに取り除く。そうすると大きな血管が何本かでてくるのでそれらが大動脈，肺動脈であることを確認。次に心臓を縦に切り心房，心室が分かれていることや左心室の壁が分厚いことなどを観察する。また，右心室から肺動脈につながるところにつまようじを刺してみると弁があるのでうまく刺さらないことが確認できる。このように心臓について様々なことが学べるのだがほとんどが解剖の授業なので乗り気ではない生徒には無理してやらせる必要はないと考える。

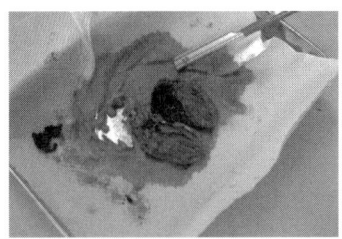

心臓を開いたようす。

生徒が描いたスケッチ。
なかなかいい出来である。

③アクリル樹脂用接着剤

　状態変化を学ぶ際に行う実験だが，原理はかなり難しい実験なので導入として行う。クリスマスツリーの形に切ったフェルトにアクリル樹脂用接着剤をかけるとみるみる氷の結晶が付着する。まるでクリスマスツリーに雪が積もっているようになる。これはアクリル樹脂用接着剤が気

化したときフェルトの周りの空気の温度を急激に下げ，空気中に含まれている水蒸気がフェルトの繊維の端を核として凍るという仕組み。実際にやらせてみるとこの不思議な現象に生徒たちは大喜びである。ただこのアクリル樹脂用接着剤はかなり異臭を放つのでよく換気をした上で行うことをおすすめする。

  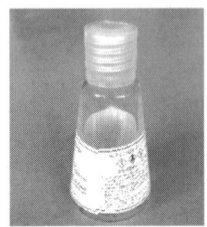

全体に浸み込ませ，2分程度で右の写真のようになる。ホームセンターにて購入。

ちなみにこんな授業も……

古生代を学ぶ授業。アノマロカリスの魅力を伝えるために描いた。

磁力を学ぶ授業。磁性スライム作ったところ…なんかジブリ作品にこんなやついた気がする…となった。

　上記以外でも理科に関係することであれば自分自身の経験談なども話す。生徒は教師の雑談が好きである。授業のねらいから脱線しすぎない程度であればよく話している。そういった理科小話のようなものは様々あるのだが全ては書ききれないので一つだけ紹介したい。これは私が宮城県出身だからこそ体験したことで，東日本大震災でのエピソードである。この話は1年生の単元「大地の成り立ちと変化」の授業を行うときや防災教育を行う際にいつも時間をかけて話しているのだが，実は第1章の続きがこれに当たる。

東日本大震災での経験

　国立大学に入る望みは残すところ後期日程の試験だけとなった。東北のある県の国立大学を受験することにした。受験科目は生物と，環境に関する小論文であったため図書館に行き，環境問題などの文献を読み対策をした。受験とは精神修行のようなものだなとつくづく感じる。試験日のために何日も勉強し，それが結果にでないこともある。様々な誘惑に打ち勝った日々や必死に勉強して得た知識は自分の血と骨になり実力となっているので決して無駄ではない。しかし大学側のボーダーに自分の実力が1点でも届いていなければその努力はまるで意味のなかったかのように感じてしまう。当時はそのことがわからず家族や彼女を安心させたいがために大学側のボーダーを少しでも上回るように必死だった。月日は2011年3月10日,出発を翌日に控え私は部屋で彼女とメールをしていた。「明日前乗りで秋田に行くよ。」「そう。きっと寒いから風邪ひかないようにね。」「長い受験戦争ももうすぐ終わる。来週からいっぱい遊ぼう。」「うん。楽しみにしてる。がんばってきてね。」その日は早く寝た。センター試験での大敗，前期日程での不合格，精神的にかなり疲弊していて正直後期日程の勉強は全然頭に入っていなかった。翌日，気持ちとしてはかなりネガティブな状態で新幹線に乗り込んだ。お昼頃，盛岡駅に到着し秋田行きの新幹線に乗り換えた。秋田行きの新幹線には受験生はもちろん帰省客や観光客と思われる人で満席ではないが思ったよりも混んでいた。13時過ぎ秋田新幹線こまちが出発した。盛岡からは約1時間半の道のり。外は雪がちらついていた。乗車して約1時間後長いトンネルにさしかかった。このトンネルは奥羽山脈を貫き，岩手県岩手郡雫石町と秋田県仙北市を結ぶ仙岩峠トンネルである。走行中，車内が少し揺れた。と同時に新幹線が停止，一瞬にして暗くなった。はじめは停電かと思い，すぐ復旧するだろうと思った。しかしそこから30分は変化がなかった。車内が暗いまま放送が入る。しかし，その放送により新幹線内の乗客はどん底に突き落とされることになる。「先ほど14時46分，宮城県沖を震源として日本史上最大の地震が起きました。新幹線復旧のめどは立っておらずトンネル内のため電気の供給も不可能な状態です。予備電源は搭載していますが節約のためデッキのフットライトのみ

点灯いたします。情報が入り次第また放送いたします。」放送後，車内は一時パニック状態となった。あちこちから声が聞こえてくる。「え？うちら助からないの？」「まじどうなってんの？電波ないから連絡できないし。」暗闇の中，いろいろな声が頭上を飛び交い，明かりを求めてデッキに飛び出す人もいた。まわりが騒がしかったので気付くのに時間がかかったのだが隣に座っていた女性（20代前半位だろうか）は一人しくしくと音を立てず泣いていた。そして私はというと日本史上最大の地震と言われたことでただただ茫然自失となっていた。家族も彼女も死んでしまったかもしれない。父方の実家は松島で目の前は海なので津波に襲われてしまったかもしれないと想像で多くの親しい人を殺してしまっていた。「落ち着け。きっとみんな大丈夫だ。」そう自分に言い聞かせなんとか平静を保とうと必死だった。そして暗闇の中，時間だけは刻々と過ぎていくのだがとても長く感じた。車内の温度はみるみる下がり，コートを着なければ寒いくらいであった。

座り続けて2時間は経っただろうか。足が痺れてきたのでデッキにでた。デッキの足元は明るく乗客の多くがその灯りを求めて集まっていた。私はデッキの壁にもたれ乗客同士の話し声を聞いていた。そのとき小学1年生くらいだろうか，男の子が話しかけてきた。「お兄ちゃん，はやぶさ。知ってる？」「うん。新幹線でしょ？」「そう！めっちゃ速いんだよ！」「そっか〜。君は乗ったことあんの？」……小学生と話していると自分の将来の夢が先生であることを思い出した。この子は地震が起きたことは知っている。しかし，幼いが故に新幹線の外がどうなっているか想像できないのだろう。先生になったときに今日の出来事を伝えていかなければならないなと感じた。少年とバイバイして席に戻ると新幹線の売り子さんが出血大サービスでカートの商品を，なんと無料で配っていた。残念ながら子どもやご高齢の方優先で。空腹だったがチョコレートを何個かもっていたのでそれらを少しずつ口に含み飢えを凌いだ。そして何の情報もないまま夜になった。時刻は18時。4時間も新幹線にいる。そしてかなり寒くなってきた。そのとき売り子さんが再度現れ，次は防寒用のアルミのシートを配り始めた。残念ながら子どもやご高齢の方優先で。使いますか？と聞かれたが私は断り，ほかのもっと寒そうにしてい

1．これまでの教員生活をふりかえって

る人に譲った。日本人の素晴らしいところはこういった時でも助け合いの精神を忘れないことだ。心が暖まるのを感じたが身体は冷え切っていた。

依然として新幹線は動く気配がなかった。携帯電話で時計を見る。23時36分。日付が変わろうとしている。バッテリーも残り少ない。車内ではだれひとりとしてしゃべることなく，全員が暗闇と寒さに疲弊し希望を失いかけていた。私も同じ気持ちであった。そのとき受験などどうでもよくなっていた。家族や大切な人の命があればいい。そして自分も助かりたい。命以上に大切なことなんかこの世にないと実感できた。しかし，明日も目の前も見えないこの状況ではどうすることもできない。そのときだった。「みなさん，もうすぐ日付が変わります。」前方から若い男性の声が聞こえてきた。私が乗っていた車両の乗客全員に語りかけているようだった。「体調が優れない方はいませんか？きっともうすぐ助けがきます。希望を捨てずみんなでがんばりましょう。」よく通る声だった。拍手が沸き起こり全員元気づけられたようだった。後から聞いたのだがその男性は高校生だったという。なんと素晴らしい青年だろうか。できれば私もそういうことを言える人間でありたかったが隣の女性にさえ声をかけられない私は一生かかってもできないだろう。青年と自分との圧倒的な差に辟易していたときだった。車内に希望の光が……「みなさま，大変長らくお待たせしました。当新幹線は復旧のめどが立たないため皆様を別の車両にて救助いたします。」ついに新幹線から出られる。この長かった軟禁状態からついに開放される。しかし，次の放送でまたどん底に突き落とされることになる。「救助に使う車両は作業用トロッコを用います。乗客は5名。最寄りの駅までは往復2時間かかります。係の者が誘導しますので皆さまはお席にてお待ちください。なお，体調が優れない方，妊娠されている方，ご高齢の方，お子様を優先とさせていただきます。」ツッコミどころ満載の放送だったが冷静に考えた。「……この新幹線は約200人が乗車している。1往復で2時間かかり定員は5名，おれは体調も優れているし妊娠もできないし，歳はピチピチの19歳。」その瞬間救出はほとんど最後であることを確信し眠ることにした。

起きると朝5時頃になっていた。結局呼ばれたのは朝の6時頃。思っ

たよりもスムーズに輸送ができたようで予定よりもかなり早く救出された。真っ暗な山沿いの線路をガラス張りのトロッコで疾走していった。到着したのは秋田県田沢湖駅。そこからバスに乗せられ秋田駅へ向かう。秋田駅の近くのホールに避難所が設けられており乗客はそこに集められた。時計を見ると朝8時になっていた。電波もあり両親に電話をかけてみたが出なかった。そのとき山梨県に住んでいた姉から電話があった。「あんた大丈夫だったの！？」「うん，新幹線に閉じ込められててさっき出た。みんな大丈夫だったの？」「うちの家族はみんな大丈夫だよ！電波悪いから一瞬しか確認できなかったけど。」その後少し今後のことを確認して電話は切れた。次に彼女の携帯電話にかけてみた。「頼む，でてくれ…」何回かのコールの後，「はい。あ，大丈夫だった！？」と彼女の声が聞こえてすぐ電話は切れた。宮城県はやはり回線が混んでいる。しかし，大切な人たちの無事を確認できた。その安心から体中の力が一気に抜け，涙があふれたのを今でも鮮明に覚えている。そして次は自分の心配をしなくてはならない。受験はもはやできないので，帰る手段を探さなければならない。秋田駅の電光掲示板を見ると宮城県方面は全線運転見合わせ。バスも出ることはなく，宮城県へはしばらく帰れないことを確信した。その日は避難所にお世話になることにして今後どうしていくかをじっくり考えることにした。避難所はホールの1階のスペースに設けられ，暖房もついていたためとても快適な場所だった。受付に行き，現状を伝えると滞在を許可され，段ボールと毛布を1枚ずつ手渡された。

避難所となっていたホール。
輸送されここで降ろされた。

秋田駅前バスプール。

この後どのように秋田県を脱出し，東京農業大学に入学したか。宮城県へは果たして帰れたのか。彼女とはどうなったのか（？）は次回，この本の続編にて紹介しよう。苗川先生が次回も原稿依頼をしてくれることを切に願う…。

おわりに
　私は 2015 年 3 月に東京農業大学を卒業し，地元である宮城県で中学校理科教員として採用をもらいました。
採用になってからまだ 3 年と何ケ月しか経っておらず，まだまだ経験不足の若造ですが毎日生徒とともに笑い，たまに泣き，とても充実した教員生活を送ることができています。辛い日も多々ありましたが教員として働けることに幸せを感じています。大学時代に苗川先生には理科教育だけでなく教員採用試験の対策まで大変お世話になりました。今こうして充実した教員生活を送ることができているのも苗川先生からいろいろとご指導をいただいたおかげです。そして今回は先生の出版される本の一部を任せていただき，大変光栄であると感じています。また自らの教育実践を振り返る機会をいただいたことに感謝申し上げます。今後も教員として人間性や授業力を磨き，苗川先生に良い報告ができるよう精進していきたいと思います。

2018 年 8 月 19 日

2. 安中総合学園高校教員として過ごした日々

山田　知沙

　私は、現在、群馬県立安中総合学園高等学校で農業科の教員として働いています。教員になって４年目となりました。３年生の担任・食品部の主顧問等を担当し、教科は、食品製造と食品流通、総合研究を担当しています。本校は、総合学科であるため、教科別授業は、２年生からです。

教科指導：週２０時間を受け持っている。２・３年生の各２４名の計４８名を担当
- 食品製造→２・３年生、それぞれ週４時間の計８時間の授業を担当している。
　　　　　　２年生は、食品製造に関する基礎基本を身につけるために、製菓を中心とし製造技術を学ぶ。製菓製造で多く使用する食材の小麦粉や乳製品、卵等を使用した製造を行う。例えば、食パン、フランスパン、プリン、チーズ、ヨーグルト等の作り方を学ぶ。
　　　　　　３年生は、２年次に身につけた基礎基本を応用した高度な技術を身につけるために、和菓子製造技術の習得や校内販売・地元小中学校に製菓技術を教えるといった学校外での活動も行う。豆腐・味噌・ジャム・黒糖まんじゅう・わらびもち等の作り方を学ぶ。
- 食品流通→３年生の週２時間の座学を行っている。生産者から消費者までの食品の流れを学ぶ。食に関する法律や旬、行事に食べる料理、食事中のマナー等についても学ぶ。
- 総合研究→３年生の週５時間。安中市の代表的な観光地である秋間梅林は、高齢化や建物の老朽化が進み、どんどんお客さんたちが減ってきている。秋間梅林に活気を取り戻すために、

商品開発や秋間梅林に来たお客さんたちのおもてなしを行っている。また、地元の小中学校給食に、梅加工品の出荷を行っている。

部活動：現在、食品部を担当している。部員は、3年生1名の2年生4名である。
そば打ちやお菓子づくり、コンテスト・地域イベントへの参加を行っている。そば打ちは、全国大会に出場している。また、段位取得を目指し、日々活動を行っている。安中市に、SL が止まる横川駅がある。SL に乗ってきたお客様へおもてなしをするため、無料でクッキーの配布を行った。

担任：現在、3年生の42名を担当している。42名の進路実現のため、日々指導を行っている。食文化系列・生物資源系列・メカトロニクス系列の生徒が集まったクラスになっていて、授業を担当している生徒は食文化系列のみであるため、他2系列は、授業は担当していない。普段の学校生活で、朝・夕の SHR しかあうことがないため、声かけを心がけている。また、学校生活の切り替えができるように、朝の SHR 時に黙想を実施している。

現場での教材研究・教材開発などの実践・記録

授業の構成は、製造物に関する歴史や材料の特性を座学で学んでから、実習へと取り組む。座学は、常に日々の生活にアンテナをはり、生徒の身近なところに教材がないか、考えるようにしている。極力、座学でも実物を見せるように心がけている。実習では、実習助手の方との打ち合わせを欠かさず行っている。実習の流れを細かく確認し、生徒のサポートができるように、心がけている。

教職を目指す後輩たちへのメッセージ

教職は、とてもやりがいのある職業です。教員となり、改めて教える難しさを実感しています。大学生のうちは、たくさんのことを経験

してください。いままで、みたり、聞いたりしたことは、教員になってから、非常に役に立ちます。できるだけ、多くの人と接して、コミュニケーションをとって、教養を増やしていってください。

農大教職課程で学んだことや思い出

　農大教職課程での思い出は、苗川先生に模擬授業を見てもらったことです。講義以外で、教育実習前に対策をしてくださいました。全く、思い通りに行かなかったことを覚えています。同時に、教育実習前に失敗できたので、対策することができました。苗川先生にご指導いただけたこと非常に感謝しています。

3. 教師を目指す後輩の皆さんへ

平澤　怜子

- 私は福島県出身で、現在神戸市にて教師をしている。慣れるのに苦労したが、どこであれ子供たちは待っていてくれる。神戸市の教員になれたことを誇りに思っている。
- 教育法や様々な取り巻く法律について学んでおくことが大切である。教師になり、4年目になるが知識はあるだけ役に立つと感じている。
- 教材研究や授業については、現場で学ぶことが多くある。私が大学生の頃は、教育学部ではなく農学部畜産学科の専攻だったため、他人と比べて焦っていたが、今思えば与えられた環境をどれだけ有効活用できるかがとても大切だと感じる。日々実験のために研究室に通っていたが、そこで学ぶことが沢山あり、充実した大学生活を過ごすことが出来た。専門知識やそこでしか学べないことをしっかり自分で持っていると、とても強みになる。
- 実際に経験してみないとわからないことばかりである。生徒指導について、ある程度の知識を学んでも、それを実際に行って指導することはとても難しい。似たような事例はあるにしても、個々に対しての接し方は異なるので、全く同じ指導の仕方は今のところない。今までの自分の人生の中では予想もできなかったことが中学校では日々起こっている。
- 「発想が鍵となる。思いついたことは、とにかく何でもやってみる。先輩教師のまねをして学ぶことが大切。失敗を次に必ず活かせるように努力する。教師歴が上がっても、謙虚な態度で臨むこと。日々感謝。初志貫徹」いつも心に置いている言葉たち。
- 自分が一生懸命に働きかけたことが、生徒の心の中にいつまでも残っていたとわかった瞬間に、中学校教師になって本当に良かったと感じる。生徒と向かい合っている間は、うまく伝わっていないと感じることや自分の不甲斐なさを実感することも多く、辛くしんどい思いをすることも多々ある。しかし、関わった生徒のうち1人でも「先生のようになりた

い」「先生が担任でよかった」「ありがとうございました！！」と言ってくれる生徒がいれば、今までの辛さはすべてとぶくらい嬉しい瞬間がある。中学校教師の仕事は、激務だが大変やりがいがあり、一生をかけて極めていきたいと感じる魅力あふれる職業である。私自身、これからも精進していきたい。

　編者注：平澤さんからは、数多くの研究略案と研究授業の理科学習指導案を送ってくださいました。その中から「理科学習指導案」を以下に紹介いたします。

3．教師を目指す後輩の皆さんへ

理 科 学 習 指 導 案

授業者：神戸市立横尾中学校　平澤　怜子

1. 日　時　平成27年8月18日（火）
2. 学　級
3. 場　所　湊翔楠中学校　普通教室
4. 単　元　身のまわりの物質　第3章　「水溶液の性質」
5. 指導にあたって
   (1) 教材観
   　　本単元では、物質が水に溶ける様子の観察、実験を行い、水溶液においては溶質が均一に分散していることを粒子のモデルと関連付けて理解させることがねらいである。
   　　小学校では、5年生で物が水に溶けても、水とものとを合わせた重さは変わらないことを学習している。
   　　第3章では、物質が水に溶ける様子の観察を行い、結果を分析して解釈し、水溶液では溶質が均一に分散していることを見いださせ、粒子のモデルと関連付けて理解させるとともに、溶液の温度を下げたり溶媒を蒸発させたりすることによって溶質を取り出すことができることを溶解度と関連付けて理解させることが主なねらいである。
   (2) 生徒観
   　　神戸市立横尾中学校1年2組は、活発な生徒が多く、理科の実験や観察には積極的に取り組むことができる。また、自分の意見も意欲的に人前で話すこともでき、集中して話を聞くこともできる。しかし、説明だけを聞いても、知識が完全には定着せず、すぐに忘れてしまう生徒や、基礎から発展へ思考を広げられない生徒が多いのも事実である。
   　　本教材では「溶ける」とはどういうことなのかについて生徒に考えさせ、粒子のモデルと関連付けて理解させながら思考力、表現力を養いたい。
   (3) 指導観
   　　演示実験の中で、有色の結晶が水に溶ける様子を観察させ、最終的には水溶液のどの部分も色が同じ濃さになることから、水溶液中で溶質が均一になっていることを見出させる。また、説明だけでは不十分なため、話し合い活動を充実させ、物質の溶解について考察させ理解を深めたい。
6. 単元の目標
   (1) 単元目標
   　　物質が水に溶ける様子の観察を行い、水溶液の中では溶質が均一に分散していることを見出させる。また、水溶液から溶質を取り出す実験を行い、その結果を溶解度と関連づけて理解させる。
   (2) 具体的目標
   　【自然事象への関心・意欲・態度】
   　　身のまわりにある水溶液について興味をもち、物質が水に溶ける様子について考えようとする。
   　【科学的な思考・表現】
   　　水に物質が溶けている様子を粒子のモデルで考えることができる。
   　【観察・実験の技能】
   　　一定量の水に溶ける物質の量が物質によって異なることを実験で見出すことができる。
   　【自然事象についての知識・理解】
   　　水溶液の性質、および、溶質、溶媒について理解し、溶質を水に溶かしたとき、全体の質量は変わらないことを理解する。

7. 小単元の指導計画 （全5時間）
   3章　水溶液の性質
   1. 物質は水にどのようにとけるのだろうか（1時間）本時
   2. 水溶液の濃さを表してみよう（1時間）
   3. 水に溶けた物質をどのようにしてとり出すことができるだろうか（3時間）
8. 本時の指導
   (1) 本時の目標
   ・身のまわりにある水溶液について興味をもち、物質が水に溶ける様子について考えようとする。【関心・意欲・態度】
   ・水に物質が溶けている様子を粒子のモデルで考えることができる。【思考・表現】
   ・水溶液の性質、および、溶質、溶媒について理解し、溶質を水に溶かしたとき、全体の質量は変わらないことを理解する。【知識・理解】
   (2) 評価基準

	A基準	B基準	B基準に至らない場合の支援
関心・意欲・態度	身のまわりにある水溶液について興味をもち、物質が水に溶ける様子について考え、積極的に意見を述べている。	身のまわりにある水溶液について興味をもち、物質が水に溶ける様子について考えている。	水溶液の写真資料を用いて、色などに注目させる。
思考・表現	水に物質が溶けている様子を粒子のモデルで考え、適切に表現している。	水に物質が溶けている様子を粒子のモデルで考えている。	すべての物質は小さな粒でできていることを理解する。
知識・理解	溶質、溶媒について理解しており、溶液では溶質が均一に分散していることを説明できる。また、その際に全体の質量は変わらないことを、実験方法も含めて説明できる。	水溶液の性質、および、溶質、溶媒について理解しており、溶質が溶媒に溶けたときに全体の質量は変わらないことを説明できる。	砂糖水や塩化ナトリウム水溶液などを例にして、水に溶けても粒子が細かく分散するだけで、なくなっているのではないことを説明する。

   (3) 本時の展開

	学習内容(生徒の活動)	指導上の注意	評価の観点
導入 5分	・溶けるとはどのようなことか考える。 ・学習課題を確認する。 物質が水に溶けたとき、とけた物質はどのようになっているのだろうか。	・本時のねらいについて確認する。 ・「溶ける」という現象に興味をもたせる。	・進んで学習しようとしているか。(関心・意欲・態度)

38

展開 35分	・黒砂糖、硫酸銅、かたくり粉が実際に水に溶ける様子を観察する。 ・粒子のモデルを見て、物質が水に溶けたとき、溶質は水溶液中に一様に広がり、溶液の質量は溶かす前の溶質の質量と溶媒の質量の和に等しくなることを理解する。 ・溶質、溶媒、溶液、水溶液の語句の意味を理解する。	・水に物質を溶かす際は、電子てんびんを用いて、物質を溶かす前と溶かした後の質量を代表生徒に測らせる。 ・班ごとに粒子のモデルがどのように変化するのか話し合って考えさせる。 ・「透明」と「無色透明」の違いも理解させる。 ・図(粒子のモデル)を用いながら水溶液の性質について説明する。 ・水溶液の性質について考えさせる。 ・溶質、溶媒、溶液、水溶液の語句の説明をする。	・溶けたものはどうなったのか考えることができているか。(思考・表現) ・水に物質が溶けている様子を粒子のモデルで考えることができているか。(思考・表現) ・水溶液の性質、および、溶質、溶媒について理解し、溶質を水に溶かしたとき、全体の質量は変わらないことを理解できているか。(知識・理解)
まとめ 10分	・本時の内容の振り返りを行う。 物質が水に溶けたとき、溶質の粒子が溶液内に一様に分散し、全体の質量は変化しない。	・水溶液の性質を確認させる。 ・「溶ける」とはどういうことなのかしっかり確認させる。	・身のまわりにある水溶液について興味・関心をもっているか。(関心・意欲・態度) ・水溶液の性質、および、溶質、溶媒について理解できているか。(知識・理解) ・溶質が溶媒に溶けたときに全体の質量は変わらないことを説明できたか。(思考・表現)

4. わたしの授業奮闘記　理科は楽しく安全に

山田　朋里

「来年も理科は山田先生の授業がいいな。」
　年度終わりの最後の理科の授業で生徒全員に書いてもらう、ふりかえりという名の私への１年間の通知帳。書いてもらうのは、どの授業が印象に残っているのか、来年度どのように改善したらよいか、心の叫び、私へのアドバイスなど。「実験楽しかったー！」「後輩たちにもこの実験をぜひやってあげてほしい」生徒がみんなそれぞれ自由に書いてくれます。１年の終わりにそのふりかえりを見るのが、毎年の楽しみになっていました。「来年も山田先生だったら」だなんて、もう来年のことに思いをはせていて、「来年もやりたい」と思ってくれている。生徒たちからこんなことを言ってもらえて、本当に心からうれしく思います。
　私は農大を卒業してすぐ川崎市の公立中学校で、教員生活をスタートさせました。初任者の時は、３年生の副担任。２年目は、１学年の担任をもたせていただきました。毎日必死に、生徒と向き合い、もがきつづけた２年間。そして、退職。退職まで２年間という短い期間ではありますが、実践した教科指導の記録（失敗談も含む）をしたいと思います。

・楽しくやりたい！でもまずは「命」の安全が第一です。
　教科指導において、私は最も大切だと感じたことがあります。それは、生徒が「安心・安全」に授業を受けられる環境をつくることです。初任校として私が配属された学校の生徒は、明るく親しみをもって接してくれる子が多く、そして'大変元気あふれる'子たちばかりでした。初任のときは、３年生の授業を担当し、２年目は１年生と２年生を教えました。
　授業を行う際は、授業クラスの生徒全員が落ち着いて、安全に授業を受けられる環境をつくることがまず最優先でした。何もこちらがたくさん配慮を向けなくてもスイスイ、やるべきことをこなす生徒はもちろん

います。ですが、クラスの中にはなかなか勉強に集中できない、落ち着いて教員の指示が聞けない、立ち歩きをしてしまうなどの生徒も少なくありませんでした。特に困ったのは、理科室で実験をする授業でした。多くの生徒は、手を動かして自分の目で見て触って、自分の手で結果が確かめられる実験の授業が大好きです。授業が始まってすぐにでも実験がしたいと考えます。一方で、教員であるこちらは、生徒の安全第一で授業を行わなければいけません。万が一、実験器具が破損して生徒がケガをしたり、薬品がかかったり、事故が起こりかねない状況はたくさんあります。「楽しく！」はもちろんですが、まず安全に、そして生徒が安心して実験を行う環境をつくることが重要でした。

　安心安全な授業、と思い浮かべたとき、わたしの中で忘れられない出来事がありました。それは、授業開きをして理科室で行う最初の授業でした。授業前の休み時間にAくんとGくんが理科室へ早々と来ました。AくんとGくんは、クラスの中でもかなり、やんちゃな子。教室で授業をしていても、とにかく集中して座っていることが苦手です。でも仲間思いで、お調子者なところもあるなんだか憎めない2人です。さて、授業前に早く来てえらいなー。なんて思っていた矢先、2人は理科室にある引き出しという引き出しをかたっぱしに開け始めました。止める間もなく、すでにいろいろな道具を触り始めています。わたしは、自分の部屋にいきなり入ってきて荒らされるような気持ちになりました。「なにをしているの」と声をかけると、「面白いものを探している。」といいます。見つけて喜んでいるのは、解剖用のはさみ、ピンセットなど。私は2人の衝撃的な行動に軽くパニック。命の危険をも感じる。彼らがもっているものは、理科への好奇心。でも一歩間違えば、人を傷つけることに発展してしまう。AくんとGくんには、「理科室には使い方を間違えば危険な器具がたくさんある。許可なく引き出しを開けてはいけない。楽しくみんなで授業するために、ルールを守ってほしい。」と話をしました。初回の授業だったこともあり、その日はよく話をきき、手をとめてくれました。（1年間を通して、その後もAくんとGくんには何度も同じ話をすることになります。）

　楽しく授業をするためには、まず安心・安全な環境があること。生徒

に合わせた最善の環境を考え、作っていくこと。それが大切だと感じました。具体的な私の作戦は、①理科室を整理整頓すること、②実験班にあらかじめ必要な実験器具を用意しておくこと、③実験の手順を説明するときは、生徒の注意を教員に必ず向けさせること（できない場合は、実験ができない）、以上3点でした。といっても初めは何をしても失敗ばかり。

ケース1：ろうの状態変化の実験

　1年生のろうの状態変化の授業では、理科室で用意した液体のろうを班ごとに配って固体になるまでの様子を観察させました。しかし、温めて液体にしたろうはなかなか固まりません。生徒は透明な液体になったろうが入ったビーカーを目の前にして、触りたい気持ちが抑えられないはずはない…！気づけば、アッチ！と言いながら、ビーカーに指を入れる生徒たち。液体のろうに指を入れて空気にさらし、瞬時に状態変化する様子が楽しかった模様。確かに状態変化をうまいこと体験はしているけれど…生徒が興奮し、収拾がつかなくなった授業。基本的に、実験は指示を出して一旦始めてしまうと、なかなか途中で止めることは難しい…。さて、その授業が終わってみると、理科室の床は、ろうだらけ。そのまま床にろうがボロボロと…。その日は、泣く泣く理科室の掃除をしました。

ケース2：虫めがねで野外観察

　こんなこともありました。これまた1年生の授業で虫めがねをもって、校内の春の草花の野外観察へ出かけました。その日は快晴。とてもいい天気。虫めがねで草木の構造を詳しく観察してもらおう！と臨んだ授業。しかし、ふと生徒を見ると、草花の観察ではなく、虫めがねで枯葉を焦がしている…。これはまずい。というか、君たちはそっちのほうが興味があったか…。一生懸命に植物を観察してスケッチしていた子もいたけれど、その場で生徒指導を行い、そのクラスは途中で野外観察中止に…。虫めがねは、必要な時に必要なタイミングで配布することを心に誓いました。

　できるだけたくさん実験をして、生徒に体験をしてもらいたい！そん

な気持ちで授業をしても、自分の想定を超えた出来事が起こってしまうこともしばしばありました。何度も何度も授業が終わるたびに、次の改善策を考える日々。そしてうまくいかない現状に落ち込むことも。そんな中、理科の指導教諭や先輩の先生方のご助言・ご指導をいただき、試行錯誤を重ね続けました。当たり前に思われることも丁寧に確実に実践していくことで、少しずつですが生徒の様子も変わっていきました。まずは、環境づくり。とても大切なことだと思います。

・年度初めの「はじめまして」の授業メニューは、大好きなハーブの香りから

　２年間、自分が生徒とやってみたいと考える授業や実験をとにかく数多く実践しました。にぼしの解剖。生態系の学習として、チリメンジャコで海の生物探し。化学式かるた。割り箸で減数分裂の原理を考察する。炎色反応の実験。原子分子を学習する際、「水を極限まで小さくしたらどんな形になるか。絵を書いて、仮説を立てる」など。

　実験をたくさんやりたい！と考える一方、特に初任の時は生徒との関係づくりが出来るまでの間の授業はとても緊張しました。特に一番初めの授業は何をやろうかなととても悩んだ記憶があります。

　年度初めの一発目の授業、生徒はどんな先生が来るのかなと期待を膨らましています。私もどんな１年間になるのか、どんな子たちがいるのか、（ちゃんとやっていけるのかと大きな）不安と少しの期待をもち授業に向かいました。最初の授業の雰囲気は、授業規律の基盤を作る上でもとても大事な場面であり、また「理科」の授業に対する生徒のモチベーションにも関わります。私としては、「できるだけ最初の授業で理科って面白い！と思ってほしい。」そして、「教員である「私」のことをもっと生徒に知ってもらいたい。」という気持ちで授業展開を考えました。

　悩んだ結果、「私の好きなもの」を生徒に紹介するのが一番手っ取り早いと考えました。私の好きなものは「葉っぱから香りがするハーブ」です。私は小さいころから植物好きの母の影響もあり、植物を育てることが好きでした。そして小学生の時、家で育てていたミントやローズマリーなどのハーブの香りを嗅いだとき、「どうしてこの葉っぱは、香りが

するのだろう？一体、どこから香りがするのだろう？」と疑問をもちました。この疑問を小学生の時から持ち続け、農大の研究室でご縁がありハーブの研究をすることになりました。研究室ではスイートバジルにLEDの光をあて、香気成分を分泌する腺毛細胞の様子や発根について調べていました。大学を卒業したばかりの私にとって、生徒に私の人となりを説明するにはまず「農大で経験してきたこと」を説明するのが1番良いと思いました。

　———「ではこれから、私の一番好きなものをまずみなさんに、説明したいと思います。」そう言って、数種類のハーブを植物名はふせて配りました。配ったものは、ミント、バジル、ローズマリーなど市販のスーパーマーケットで購入できるものです。「まずは、自由にその植物をみて触って、とにかく気付いたことをプリントに書いてください。」と一声かけ、思い思い気付いたこと感じたことをとにかくたくさんメモさせます。生徒からは「なんかどこかで嗅いだことある香りがする。」「トイレの芳香剤？」「お茶に入ってる？あ、お母さんがこの間これを料理で使ってた！」という声が上がりはじめます。しめしめ・・・こちらの思惑通りの展開です。わたしは一言、「みなさんの身の回りには、たくさんの植物があると思います。今日私は数種類の植物を渡していますが、何か気付いたことがある人はいますか？よかったら教えてください。」と生徒のみんなに聞いてみました。すると、「今日渡された植物は全部香りがします。しかも、全て違う香りでした。1つは歯磨き粉の香りです！」と答えてくれる子がいました。ここで、植物の名前の答え合わせ。「今日用意した植物は、ミント、バジル、ローズマリーです。ヨーロッパ原産の香りがある植物、ハーブといいます。」予想が当たった生徒は大喜び。ウオーと声をあげていました。実験もそうですが、自分で予想した答えが当たるのは、どの分野でもとても嬉しいようでした。

　次に「ではどこから、なぜ香りがするのでしょうか？」と発問し、生徒たちに考えてもらいました。中学1年生から3年生まで、どの学年、どのクラスでもこの発問をすると驚かれます。「そんなこと、考えもしなかった。」と。

　私は農大時代に電子顕微鏡で撮影したスイートバジルの葉にある腺

毛の写真を見せました。この線毛から、香りの成分が分泌されるということ、そして植物は生きるために香りを発することを身につけてきたという諸説を紹介しました。

　私は、最初の授業で、『理科は自然をみつめることからはじまります。』と説明します。

　・・・以下、プリントの文を抜粋・・・
　さあ、周りを見てください。
　空を見る、桜の花がきれいだなあ、今日の天気は晴れだなあ・・・いろいろなことに気づくでしょう。
　ここでもうあなたは、すでに理科の世界に入りこんでいるのです。
　理科の勉強で一番大切なことは「自然をみること」言葉を変えていうなら、「観察をすること」です。そして、「疑問をもつこと」　ここのところが大切！

　「あ、きれいだな」でおわってしまうのでは、もったいない。
　「なぜ、こんなきれいな色をしているんだろう。」と考えてほしいのです。

　この疑問を解決するために、さまざまな実験が行われるのです。
　この「観察→実験」を通じて、理科・科学が作られてきたのです。
　この「見る」ことから始まり、疑問点を解決していくことが、理科の勉強でもあり、楽しさでもあるのです。・・・

　最初の授業で、ハーブを触る体験を通して、私自身の紹介をしつつ、理科の授業で身につけてもらいたいことを語る。これが私のやり方の１つです。
　正直、生徒の前で披露するまで、実際にその授業展開がうまいこと進んでいくかはわかりません。だから、面白い！と私は思います。教材研究は、やればやるほど奥が深く、本気でやればかなり時間もとられます。でも、しっかり教材研究をしてから臨む授業は、こちらの本気度が伝わ

るからか生徒の表情も変わりました。先輩の理科教員の授業実践を聞いたり、同じ川崎市の理科の同期同士で教材を交換したり、いろいろな出版社の教科書を見比べたり、科学誌を読んだり、とにかく探そうと思えばいろいろな場所に教材研究のヒントがあります。農大での経験をいかしながら、自分が面白いことを感じることを生徒に伝えられる喜び。授業づくりは、本当に楽しかったです。

最後に

　私は農大で苗川先生の教職の授業を受けたとき、とても衝撃を受けました。「こんなに楽しそうに、理科を教える先生がいるのか。」と。私はこれまで苗川先生のように理科を先生自身も面白がって楽しそうに教えてくれる先生に出会ったことがありませんでした。苗川先生が「これが本日の一品です。毎回、授業の初めに、一品を用意して紹介するのですよ。」と初めの授業でおっしゃったとき、「一体この先生は何を教えてくれるのだろう」と大きく期待したことを覚えています。思わずこちらが笑顔になってしまうほど先生ご自身が、一生懸命に、そして目を輝かせて楽しそうに、その一品の面白さを語る姿に、「こんな先生に教えてもらって中高時代を過ごした生徒はどんなに幸せだろう。」「私ももし理科教員になるなら、苗川先生のようになりたい。」そう思いました。授業に、採用試験の相談、いろいろな場面で大変お世話になりました。本当に感謝しています。農大で苗川先生に出会えたこと、幸せに思います。ありがとうございました。今後は、1つの疑問に対してよく考え、実験を通して「知る」喜びを多くの人に感じてもらえるような科学実験の場をつくり、実践していくこと。ゆったりと、わたしのペースで、実現させていきたいです。

4. わたしの授業奮闘記　理科は楽しく安全に

クラス全員で作った掲示物。
学級通信のタイトルが「おひさま」だったため、テーマが「空」になった。

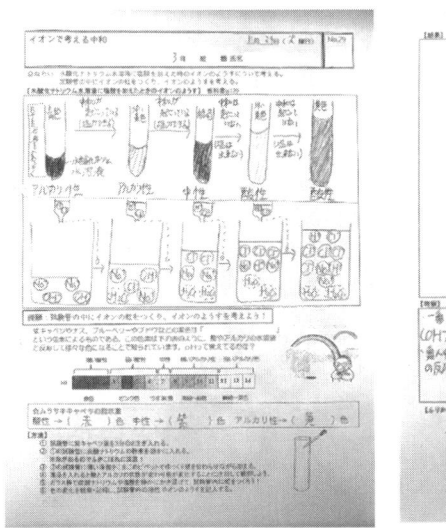

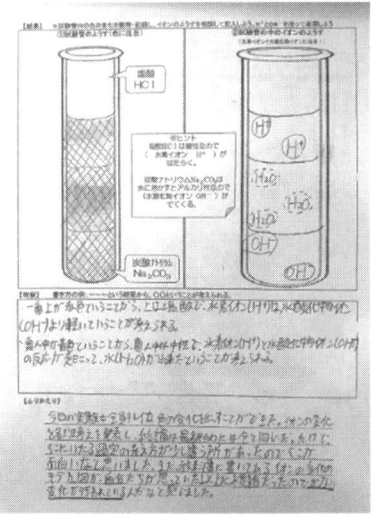

水溶液とイオン
試験管の中に虹をつくる（生徒のワークシート）

5. 私の目指す農業教員像

吉澤　冬弥

はじめに

　私の目指す農業教員像は、「農業を通して生徒の生きる力を育み、生徒に寄り添った指導ができる教員」である。
　私は高校在学中園芸科に所属し、野菜、草花、果樹、造園と幅広い学習の中で農業の楽しさや収穫の喜びを実感することができた。その農業の魅力を生徒に伝え、将来の就農者や農業の理解者を育成したいと考えている。また、その過程で生徒の生きる力を育み、本校の目指す学校像である「社会に有為な産業人の育成」に寄与したいと考えている。
　生徒に寄り添い、きめ細かい生徒指導を行うことで、いじめや非行等に苦しむ生徒の支援をしたい。いじめの苦しみから自殺してしまう生徒や非行によって命を落とす生徒をなくし、生徒に自信をつけさせる教育を行いたいと考えている。

農業を通して生きる力を育める教員

　生きる力とは「確かな学力、豊かな人間性、健康・体力」それぞれがバランスよく身についている状態である。これらの力を身に付けさせることは、将来社会に出て働くであろう生徒を教育する高校教員の使命であると考えている。また、農業という教科はその特性上、圃場等での実習による学習が行われる。生徒自身で作物を栽培し、管理作業を経て収穫した野菜を食べる喜びは、生徒の人間性を豊かにする。また作業を通し、様々な専門的な知識や技術を習得することができ、各種の技能検定や資格の取得は生徒の自信につながる。日ごろの教科指導を通じて、生徒の興味や関心を引き出す授業を実践し、より農業を身近に感じてもらいたい。

生徒に寄り添った指導のできる教員

　私は「生徒に対して寄り添う姿勢」が教育にとって重要だと考えている。生徒の目線に合わせて物事を判断することで、いじめを早期に発見したり、問題行動を起こす生徒に適切な指導を行うことができると考えている。

　「生徒に寄り添った指導」を行うために、教育相談に関する研修会等に参加するなどして生徒理解の手法を学び、日ごろの生徒とのコミュニケーションに活かし、生徒との信頼関係を築くことが重要であると考えている。生徒から相談を持ちかけられた際にも丁寧に生徒の話に耳を傾け、生徒と適切な関係を築けるように心がけていきたい。

まとめ

　私の目指す農業教員像を実現するためには、上記した2つの目標を常に意識して日々の指導に当たるとともに、研鑽を積むことが重要である。農業を通して「生きる力」を育み、「生徒に寄り添った指導」を行うことが、本校の目指す学校像である「社会に有為な産業人を育成する」につながると信じている。「生徒の為に」という教育の目的を忘れずに自分自身が学び続け、農業の魅力と生きる喜びを生徒に伝えられるように努力したい。

　　（平成28年度　高等学校初任者研修　教科別研修「農業」より）

一年を振り返って

　母校である羽生実業高等学校に初任者として着任し、多くの先生方に助けられながらあっという間の一年が過ぎようとしています。お世話になった諸先生方、本当にありがとう御座いました。

　高校で3年間農業を学び、担任の先生に「教員」を勧められたことが農業教員を志したきっかけでした。大学四年生の時、教育実習で本校に二週間お世話になりました。その時に出会った生徒達との関わり合いや、授業の難しさ、農業を教えるという充実感を経験し、「農業教員になりたい」と改めて決意したことを思い出します。

　四月より「教えてもらう立場」から「教える立場」になり、農業に関

する知識や技能の未熟さ、生徒に農業を教えることの難しさを痛感する一年となりました。「やってみたいこと」が先行し、十分な準備が整わないまま授業に臨み、実習の授業で授業時間を超過してしまったり、生徒に伝えたいポイントがうまくまとめられなかったりと悔しい思いも数多く経験しました。それらの経験から、教材研究や生徒の反応、授業展開や板書計画等、入念に準備をした上で授業に臨むことの重要性を改めて痛感しました。来年度からは生徒にとって有意義な授業が出来るよう、万全の事前準備を行い授業に臨みたいと考えています。

　私が担当している農業経済科の生徒は科目「課題研究」で「実践的職業教育グローバル事業」に参加しています。今年度本校はイオンリテール株式会社及び県立皆野高校と協力し、商品開発分野でこの事業に取り組みました。自分達のアイデアをプレゼンしたり、試食会で意見交換するなど、沢山の人の協力と様々な改良を加えながら商品開発を進めました。「自分たちのアイデアが商品化され、沢山の人に食べていただける」この経験は生徒の自信に繋がり、この事業を通して得られた喜びや達成感は生徒の職業観を育むと感じました。普段から生徒の自主性を尊重した授業づくりを心がけ、生徒一人一人の成功体験を積み重ねることで本校の教育目標である「社会に有為な産業人の育成」を目指していきたいと考えています。

　この一年を振り返ってみると反省点の多い一年ではありましたが、それと同時に農業の持つ教育力を改めて確認することが出来た一年でもありました。課題研究では放課後や休日にまで学校に足を運び、自分達の取り組む課題に熱心に打ち込む生徒の姿をたびたび目にすることが出来ました。また、実習では既存の知識を元に自ら考え、仲間と協力して作業を進めていく様子や、実習と関連した試験の問題の正解率が非常に高いことなど、「生きる力」を育む農業の教育力を再確認することが出来ました。数多くの生徒と関わり、授業や学校生活を通して成長してゆく生徒の姿を見守れることは大変嬉しく、教員になって良かったと思う出来事もしばしばありました。しかし、それと同時に教員は生徒の人生に大きな影響を与えてしまう職業という実感があります。自分自身も高校生の頃の担任の一声が無ければ教員になってはいなかった様に思います。

だからこそ、教員として少しでも生徒にとって良い影響を与えられるよう自己研鑽に努め、生徒の自己実現をサポートしていきたいと考えています。

　最後になりましたが、これまでお世話になった諸先生方、指導教官、各指導主事の先生方、本当にありがとう御座いました。重ねて今後もご指導ご鞭撻の程よろしくお願い致します。

クラス写真

　私は今年で教員3年目。母校である埼玉県立羽生実業高等学校で農業教員として勤務し、担当は食品製造、農業と環境、総合実習それと2年5組の担任をしている。

　高校で3年間農業を学び、担任の先生に「教員」を勧められたことが教員を志したきっかけである。大学四年生の時、教育実習で出会った生徒達との関わり合いや、授業の難しさ、農業を教えるという充実感を経験し、「農業教員になりたい」と改めて決意したことを思い出す。

　担任業務に授業、部活、農場管理、分掌の仕事等....様々な仕事が常に山積みで自分のできなさと相まって日々息の詰まる思いである。それでも「生徒の為に」これだけは忘れてはいけない。デスクに挟んでいるクラス写真を見るたびに思い出して、また授業計画を立てる。いつもこんな感じである。

　最近思うことは「教育」＝「成功体験の積み重ね」。

　「勉強は嫌だけど、友達と語り合ったり部活は楽しい」きっと本校に在籍する多くの生徒がこう思っている。この言葉には、勉強に対する苦手意識と充実感と達成感を求める生徒の本音が垣間見える。本校に入学してくる生徒は勉強に苦手意識を持っている場合が多く、1学年の当初より学習意欲の低い生徒が多数存在する。農業科目は高校からの学習科目なので、他の教科に苦手意識をもっている生徒に対しても授業の工夫次第で生徒の興味・関心を引き出し、授業を通して充実感や達成感を与えられる。

　この文章は実は教員1年目の自分が書いたもので今もこの思いは変わらない。

教員2年目初めて自分のクラスを持った。うれしかった。しかし、途中3人が学校を辞め、1人が留年した。そして3年目の2年5組。また1人進級できそうにない。「彼女次第」保護者にもそう説明するが、こうなる前にできることは無かったか。
　クラスの女子のうち数人がリストカットをしている。最初は驚いたが今はそうでもない。
いわゆる「こどもの貧困」が原因であろう。先日彼女のことを考えていて思った。彼女自身もわかっているが変わるきっかけがない。
　悪いことは連鎖する。例えば、勉強ができない、認めてもらえない、自信を無くす、学校に来なくなる等。ならば良いことも連鎖するだろう。変わるきっかけをつくる。それが今の私の目標である。
　こどもたちの「できた！」を一つでも増やすことがそのきっかけの一つになると思っている。授業や部活、学校行事。また気づかないかもしれない。それでもまた、今日もパソコンと向き合う。

6. 教員という仕事

小泉　幸太

　私が教員になってから1年という歳月が流れ、右も左もわかなかった1年前に比べると、今では右と左くらいの区別はつくようになり、多少の成長は感じられているところではあります。昨年の1年間は、教員になりきることでいっぱいいっぱいで、経験のない生徒指導の場面では、行き当たりばったりの指導で失敗したり、グループ業務はできないことばかりで、周りの教員に何度も迷惑かけるなど、歯がゆい思いを何度もしてきました。ただ、私も一人の教員として、「授業だけは、ほかの教員に引けを取らないように」と心に決め、日々授業に取り組んできました。「失敗してばかりいますが、授業だけは誰にも負けまい」という覚悟は、1年たった今も変わりません。今回は、私が「授業づくりにおいて心がけていること」「取り組んできた授業内容」「私の思う教師とは」について書いていきたいと思います。青臭い内容ばかりかもしれませんがどうぞよろしくお願いします。

≪授業づくり≫
① **見通しを立てた年間指導計画**
　年間の授業時数は、1単位あたり35時間を標準としています。前後はありますが、一つの科目が1回の授業で、修了することはありません。35時間、つまり35回分の授業を作るために、学習目標を決めておく必要があります。その目標から逆算していくことで、1回目から35回目の授業の流れに見通しを持つことができます。社会情勢や生徒の状況などによって、脱線する場面もありますが、1年間の授業の道筋を、教員が明確に持っていれば、脱線しても、緩やかに本線に戻せるでしょう。脱線も授業の醍醐味です。1回1回単発の授業内容ではなく、系統的に授業計画を組みたてていくことで、学習目標に到達することができると私は考えます。例えば「昨日は、受精の話だったのに、今日は肥料の話、

かと思ったら、次回は機械の話か」とこれでは授業が系統的ではありません。1回完結型の授業だと、生徒は振り返りをすることも、見通しを立てることも困難です。幅広い学びと言えば聞こえはいいかもしれませんが、毎時間の授業を関連させて積み重ねていくことによって、目標の達成へと向かっていくものです。1話完結型のドラマではなく、連続もののドラマを作成するように、授業の年間指導計画を考えています。

② 授業のストーリー性
　見通しのある年間指導計画のような大きな流れの中の、ミクロの流れが授業のストーリー性です。つまり、授業の導入・展開・まとめの3段階のことです。まとめで生徒をひきつけ、展開につなぎ、最後のまとめで理解を深める。この流れがスムーズでなければ、内容が二転三転し、生徒が授業内容をつかめません。一回の授業を通して、「何を学ばせるか」と一つに焦点を絞ると、授業の構成に一貫性ができ、構成を立てやすいと思います。ゴールを一つに絞って授業を構成する時、私は授業の導入に一番力を注ぎます。導入から生徒を引き付けることができると、生徒の授業内容に対する理解度も深まります。「タイタニック」という有名な映画がありますね。結末だけいうと冷たい海で主人公は凍えて死んでしまい、ヒロインはなんとか生き残るわけです（ざっくりした説明ですが）。結末だけだと何が何だかわかりません。「何で極寒の海にいるのか、どのように二人は愛をはぐくんだのか」途中の展開を見落とすと、どのような映画だったのかわかりません。そもそも「なぜ船に乗っているのか」も、冒頭を見落としてしまうとわかりません。途中から楽しめたとしても、オープニングからエンディングまで見ていないと、感動は半減します。授業も同様に、途中から集中した生徒と導入から参加した生徒では、理解の度合いに差があります。いかに生徒を授業の導入から引きつけられるかは、教員の腕の見せ所だと思います。私は、導入にはストーリーテリングを用いることが多いです。彼らにとって身近な話題を挙げ、その内容から授業につなげていきます。教員の意図がない世間話では意味がありません。教員が、次の展開を見通しながら、意図した話にすることができれば、身近な話も教員と生徒の世間話ではなく、授業の教材に

なります。身の回りのことは、重要な教材になるのです。そしてそのような身の回りにある身近な内容ほど、生徒の食いつきはいいです。まずは導入という罠で、生徒を授業に食いつかせ、逃さないような工夫をし、釣り上げられるように授業のストーリー性を意識します。

③ 発問の内容とタイミング
　授業中に教員は生徒に発問をする場面があります。この時の内容が生徒にとってわかりきったものだと、生徒は、思考のない反射で解答します。そうすると授業のテンポだけが速くなり、理解が追い付いていない生徒が、授業についていけず、授業への意欲を損なうでしょう。かと言って生徒にとって難しい内容だと思考は停止するので、発問の内容は工夫が必要です。生徒の思考を促すような投げかけをしなければ、発問ではなくなってしまいます。効果的な発問を教員が投げかけることで、発問に対して生徒は、考える行為に及びます。私は、授業を実施する前に、頭の中で1，2回授業のイメージトレーニングを行います。「出席取ります」から「これで授業を終わります」までをストップウォッチで計測しながら、頭の中で授業を行うのです。イメージトレーニングの中で、発問を行う場面をつくり、それに対する回答を予測し、思考が連続するような次の発問を事前に準備します。事前に発問の内容を吟味し、どのタイミングで使うのかは、こちらが見通しを立てておく必要があると思います。ただ、実際に授業を行うと、生徒は思いがけない回答をしてきますが、それも授業の醍醐味です。その生徒の思考をいかに潰さず、授業につなげられるかが教員の腕の見せ所であると思います。そのため教員は、深く教材を理解しておく必要があります。生徒が自ら考え始めるような発問を私は心がけます。

④ 全てが教材
　私は日常の中でも、教材を探すアンテナを常に張っています。遊びの中にも教材にできることはたくさんありますし、この文章を打っていることもいつか何かの教材として、使えるかもわかりません。思いがけないところにヒントがあったりするものです。ただ、教材を探すために遊

びに行ったり、出かけたりするわけではありません。遊ぶときは全力で遊びます。私は、授業を行うことと授業を作るのが好きなので、アンテナを常に張っておくことに苦痛を感じません。日常生活に仕事を絶対に持ち込みたくないと思う人は、ぜひマネしないでください。ただ、ここでのメッセージとしては、勉強も遊びも大事だということを私は伝えたいです。

≪思い入れのある授業≫
①コラボ授業
　どうしてこれをやることになったのか、詳しい流れは伏せておきますが、これまでに2回、共通教科と専門教科との懸け橋を意識した授業改善として、公民科の先生と一緒に農業の授業（「園芸科学（果樹）」「農業と環境」）を行わせていただきました。（この先は公民科の先生が作ってくださった指導案をもとに書かせていただきます。）

第一回（11月7日）：園芸科学（果樹）
農業科における「農業の知識」と公民科における「考えかた」を組み合わせ、農業を取り巻く社会の仕組みをより一層理解することを目標に授業を行いました。
【導入】
わが校は、毎週直売を行っていることもあり、その話を冒頭に挙げ、生産物がどのように市場で売買されていくのかということを理解する。
【展開】
・情報の非対称性
　500円、100円、50円、5円、1円が入った箱から、参加費100円を支払い、お金を取り出すことが得か損か、考えさせる。実際に体験させる。そして人々が保有している情報には差があることを理解させる。
・リンゴの購入
　100円のリンゴと300円のリンゴを買うとしたらどちらかを選択させ、選択した理由を聞く。100円のリンゴは農薬使用のものであり、300円のリンゴは低農薬のものであることを伝える。

- 逆選択

　農家（教員）がリンゴを売りに来た時、社員はいくらでリンゴを購入するか、各生徒が購入金額を設定する。（社員（生徒）は、リンゴに対する情報が少ないため、300円を下回る金額設定すると教員は予測）購入金額が300円を下回ると、低農薬でリンゴを栽培している農家は、栽培意欲が損なわれ、農薬を使用した栽培に変更するかもしれない。そうなると、市場から低農薬栽培で作られる良質なリンゴが消えてしまう

【まとめ】

　情報を得る努力をしなければ、良質なものは市場からなくなってしまうため、買い手は情報を得る努力が必要である。情報があふれるこの情報化社会の中で、正確な情報を見つけ出すためには、情報の取捨選択が大事でもある。買い手はいかにして情報を得るのか考えていきたい。また、農薬というものは危険極まりないものなのであろうか？農薬に対する情報もなく、農薬に対する目立つ情報だけで拒絶していないだろうか？農薬はいったいどのようなものなのかも、今後は考えていきたい。

第二回（6月29日）：農業と環境※資料①（公民科の教員と行った授業計画の内容）添付

トウモロコシの生産に関する知識の習得と、生産をめぐる多面的な見方・考え方を理解し、これまでの栽培の学習を振り返り、冬の大根栽培の学習に活用できるようにすることを目標に、授業を行いました。

【導入】

前時の振り返りとして、エダマメの特徴と生産に関する内容を振り返り、本時ではトウモロコシの生産とその影響について考えることを目標とする

【展開】

- トウモロコシの用途

　トウモロコシの畑以外の場所ではどこで見かけるか投げかけ、サラダ（生食用）、お菓子の原料（加工）、牛の餌（飼料用）、車のバイオエタノール（燃料）など、ほかの野菜と違い用途が多いことを理解する

- トウモロコシの予備知識
 トウモロコシの生産量の都道府県ランキング、世界ランキング、そして輸出入国について、◎×問題形式で回答させ、理解する。
- トウモロコシ生産について
 生徒は、トウモロコシとエダマメを実際に実習で栽培している。生徒にこれまでで一番大変だった作業を挙げさせ、どの作業も機械化できることを理解させる。また、ほかの野菜では機械化できないことがあることも理解させる。
- トウモロコシを生産したら、、、
 三浦半島に6つの村があり、その中の我々は1つの村であるとする。昨年度6つの村全てが、トウモロコシとエダマメの割合を3：6（残り1はトウモロコシとエダマメを区切る通路とする）で生産した。今年度の割合は何対何にするのか生徒にランキング（ダイヤモンドランキング）をさせる。

	トウモロコシ	エダマメ	通路
計画1	7	2	1
計画2	6	3	1
計画3	5	4	1
計画4	4	5	1
計画5	3	6	1
計画6	2	7	1

ランキングは、個人ランキングを行い、その後ペアで再度ランキングする。ペアでのランキングを終えたら、4人程度のグループを作り、話し合いを行う。グループでまとまった内容を発表する（トウモロコシの生産割合が多くなると教員は予測）。ここで、他の村はトウモロコシとエダマメの生産割合が7：3であったと伝え、全体のトウモロコシの供給量が多くなることで、どのような影響があるのか、また自身が生産したトウモロコシをどうするのかそれぞれのグループで、話合わせる。話し合いの途中で、野菜が大量に廃棄さている写真を配布し、この写真が意味することも考えさせる。需要・供給曲線で内容を補足する。過剰供給に

よる価格の低下は、生産物を廃棄しても変わらない。
- プライステイカー（考え方）
  価格は外部の要因によって与えられるものであり、自分たちの行動だけでは、価格を変えることができないため、与えられた価格は受け入れる
- サンクコスト（考え方）
  既に使用された費用を回収することは不可能であるため、安い価格でトウモロコシ販売し、できる限りマイナスを小さくする。

【まとめ】
生産するには、環境に配慮した栽培や独自の栽培技術による栽培など、価格競争とは、別次元による差別化が必要である。前期では、教員の指示のもとエダマメとトウモロコシの栽培を行ってきた。これまでの知識をもとに、冬作の大根では、いかに良質なものを生産するか、生徒自身で考え、工夫して取り組んでいく。

②ストーリー性のある授業
園芸科学（果樹）（11月28日）※資料2（授業プリント）添付
第一回目のコラボ授業で農薬について触れたため、翌週は農薬についての授業を行った。その授業は、農薬に対する知識の習得を目標にした内容であったこともあり、生徒は農薬に対する基礎知識が身についている。本時では、病害虫の防除方法について考えることを目標とする。

【導入】
これまでの授業の流れから、農業と農薬について考えてきたが、今回は農薬以外の病害虫防除方法を考えることを理解する。果樹の種類を6つ提示し、生徒に好きな果樹を選択させる。

【展開】
選んだ果樹を、それぞれの生徒が生産していくこととし、病害虫が発生した時に、どのように防除するか考えさせる。考えた防除方法をペアで共有し、それぞれが考えた防除方法を答えさせる。その後、写真を4枚（農薬散布・袋がけ・天敵利用・除草）掲示し、それぞれどのどのような原理で、病害虫を防除しているのか考えさせる。1枚1枚写真の内容

を説明する。農薬散布の写真は化学的防除、袋がけの写真は物理的防除、天敵利用の写真は生物的防除、除草の写真は耕種的防除であることを説明し、どの防除方法を用いて、自身の果樹を病害虫から防除するのか、選択させ、理由を答える。

【まとめ】
実際の農業の現場では、農薬散布による科学的防除が一般的ではあるが、そのほかにも防除方法はあり、それぞれにメリットとデメリットがある。持続可能な農業が求められていることも現状であり、環境への配慮と農業生産のお互いの影響を考え、総合的病害虫管理システムも行われてきていることを理解する。

授業への思い

　今回は、私自身が授業づくりにおいて心掛けていること、思いれのある授業を書かせていていただきました。教員の仕事はやることが多いですが、その中でも、授業こそが教員の一番の仕事だと思います。いかに「学びたい」「気になる」「もっと知りたい」と生徒に思わせられるかどうかは、教員の授業にかかっています。退屈な授業であると、生徒は正直に退屈そうな態度をとります。授業中に携帯をコソコソいじる生徒や、ペラペラといつまでも隣の席の人としゃべっている生徒、机に突っ伏している生徒もいます。その生徒に「授業に集中しろ」と指導するのも、我々の一つの仕事ではありますが、理想を言うと、携帯よりも会話よりも睡眠よりもおもしろい授業で、生徒を授業に集中させるのが、本物の教員だと私は思います。おもしろい授業とは、生徒が授業に対して疑問を持っている授業だと思います。「何故だろうと？」思わせ、「こうだからこうではないか」と生徒自身が考え始めるような仕掛けを用意し、それらの疑問を授業で答えることができれば、生徒にとっておもしろい授業ではないでしょうか。そのような授業が終わった時は、生徒の「わかった」や「これはどうしてこうなんだろう」などの声が自然と聞こえてきます。思い入れのある授業として挙げた、11月28日の園芸科学（果樹）の授業はまさにそうでした。「農薬は危険」という価値観に対して、農薬は使い方によっては安全であり、農業に必要なものだということを、

生徒は学んだことで、農薬に対する価値観が揺れていました。そして授業で「農薬の他にも方法はまだまだある」と伝えたときは、「どんな方法があるんだろう？」と生徒全員が好奇心あふれる顔をしていました。あらゆる方法を学んだうえで、再度「農薬はいいか、悪いか」を問うと、彼らは自身ので考えることができていました。また、コラボ授業では、授業展開とストーリー性のある授業内容に、生徒は終始授業に対して積極的に取り組んでいました。公民科のベテランの教員と作ったこの授業は、巧みな仕掛けが多くあります。そして、実際に授業を行った時は、その仕掛けに見事に誘導するベテラン教員の技に、私は感服しました。ただ、生徒も簡単には罠にかからず、こちらが予想しなかった回答や行動で、授業をより膨らみのあるものにしてくれました。生徒と教員が一緒になって展開していくことが、楽しかったです。おもしろい授業であれば、授業中に「静かにしろ」「携帯しまえ」といった言葉が飛び交い、重苦しい空気にはならず、のびのびと生徒は授業に取り組めるのではないでしょうか。厳しい言葉が飛び交う授業であったら、何かが足りなかった授業なのかもしれません。実際のところ、生徒は十人十色で、興味を示す内容はそれぞれ異なり、全員を引き付けるのは至難の業です。非常に難しいです。それでも、教育のプロとして、全員の生徒を授業に引き付け、学びたい気にさせてこそ教員だと思います。

最後に、教員を目指す人へ

　教員は日進月歩でないと務まりません。日々学んでいかなければ、充実した授業は難しいでしょう。授業以外にもクラス運営やグループ業務、生徒指導など、見えないところに「教員ってこんなことまでやってるんだ」ということが、現場ではたくさんあります。それらをやり遂げるにも勉強が必要です。また、ほかの業種にはないストレスを浴びさせられることも多々あります。私の家系は髪が薄くならないはずなのに、最近髪が。。。なんてこともあります。仕事の容量の悪さもあってか、家でも仕事するのが日常です。いろいろと疲れます。でも、私はこの仕事に大きなやりがいを感じています。授業がうまくいったとき、指導が実った時、仕事ができたときの達成感が、次もまた頑張ろうという気持ちにさ

せます。そして1年間を通して少し成長した自分に、今後の可能性も感じています。それが頭打ちになるまでは、頑張ってみようかと思います。今回の内容が皆さんにとって、少しでも参考になればと思います。

ここにある内容を、煮るなり焼くなりして、自身の肥やしにしてくれれば幸いです。皆さんにも機会があればお会いしたいです。頑張ってください。私もどこかで頑張っています。

6. 教員という仕事

11月28日1限目

園芸科学（果樹）

名前（　　　　　　　　　）

本時の目標：＿＿＿＿＿＿＿＿＿＿＿＿＿＿＿＿＿＿＿＿＿＿＿

・この中から君の好きな果樹を選択して丸をつけてね

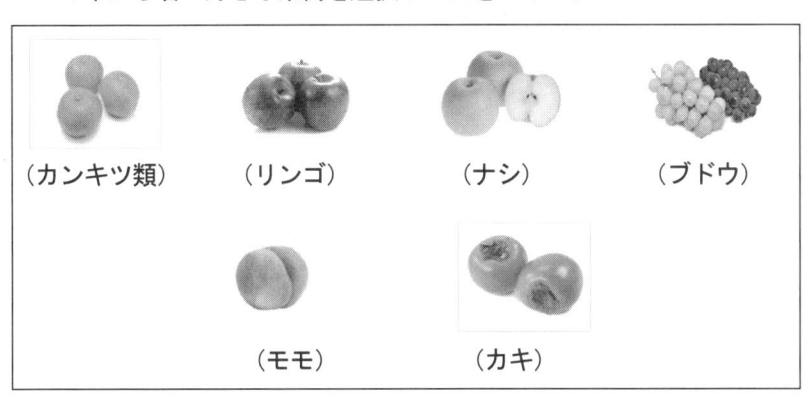

（カンキツ類）　　（リンゴ）　　（ナシ）　　（ブドウ）

（モモ）　　（カキ）

　君は自分が好きな果樹を育てることになりました。果樹をお世話するのは大変です。1年や2年で実は成らず、繰り返しの管理作業をしてあげないといけません。それでも毎日毎日世話をしたかいあって、果樹はすくすく成長しました。「やったね！もう少しで収穫ができるぞ！」果実も大きくなり始め、収穫が近づいたその時、、、！
　どこからともなく果樹の病害虫がやってきました！

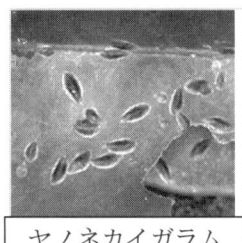

| ヤノネカイガラム | リンゴコカクモンハ | カメムシ |

63

| チャノキイロアザ | モモシンクイガ | カキノヘタムシ |

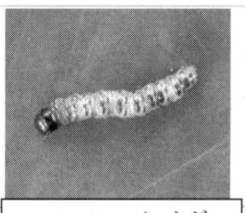

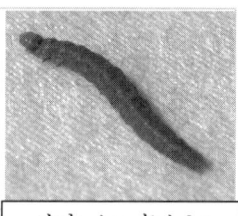

「なんてことだ、このままでは私が育てた果樹が食べられてしまう、、、」
病害虫から大事な大事な果樹を守りたい！

問いかけ①：どんな病害虫の防除方法が考えられるだろうか？考えつく
　　　　　方法を3つ挙げてみよう

仲間の協力を得よう（隣近所の人と話し、他の人が考えついた防除方法
を一つ書く（自分が考えていた案と同じでも書こう））

「病害虫はかなり手強い、、、このままでは果樹を守ることが困難だ、、、
困ったな、、、」
「実際の生産現場ではどんな防除方法があるのだろう？」
「そうだな、ここはやっぱりプロの方法を参考にしたい」
「お、ここに実際の現場で行われている防除方法の図が4つあるぞ！」
「どれどれ」

6．教員という仕事

問いかけ②：これらはいったいどんな方法なんだろう？それぞれの図は
　　　　　　どのような原理で病害虫を防除しているのか考えてみよう

【病害虫の防除方法】

・（　　　　　　　）防除：＿＿＿＿＿＿＿＿＿＿＿＿＿＿＿＿＿＿＿＿＿＿

	～あなたの予想～
	＿＿＿＿＿＿＿＿＿＿

・（　　　　　　　）防除：＿＿＿＿＿＿＿＿＿＿＿＿＿＿＿＿＿＿＿＿＿＿

	～あなたの予想～
	＿＿＿＿＿＿＿＿＿＿

・（　　　　　　　）防除：＿＿＿＿＿＿＿＿＿＿＿＿＿＿＿＿＿＿＿＿＿＿

	～あなたの予想～
	＿＿＿＿＿＿＿＿＿＿

・（　　　　　　　）防除：＿＿＿＿＿＿＿＿＿＿＿＿＿＿＿＿＿＿＿＿＿＿

	～あなたの予想～
	＿＿＿＿＿＿＿＿＿＿

君はいろいろな防除方法を知ることができた。よし、後は実践あるのみ！

問いかけ③：あなたはどの防除方法を用いて、果樹を病害虫から守りますか？理由も含めて考えよう

~防除方法~

~理由~

　やったね！君は適切な防除方法で病害虫の被害から果樹を守りきった。おかげで果樹は健全に成長し、君はおいしい果実を収穫することができました。よかったよかった。めでたしめでたし。
　防除方法と聞くと、「農薬」の一言が思い浮かぶかもしれないけれど、実際にはいろいろな方法があるんだ。それぞれの利点や欠点を考えて防除を行い、理想とする果樹の生産をこれからも続けていこう

※実際の生産現場では（　　　　　　　）防除が中心となっています。
　病害虫を防除するには、あらゆる面を考慮し、効率よく実施しなければなりません。最近では、農薬の散布を少なくして、環境への影響や生産者の健康に配慮し、安全な果実の生産を行うために、さまざまな防除方法を組み合わせて、合理的に防除する方法
　　（　　　　　　　　　　　　　　　（IPM））も行われてきている。

　この物語を最後までより遂げた君たちに先生から素敵なプレゼントがあるよ！最終ページへ→
　感想

テスト対策プリント

テスト範囲(繁殖方法・接ぎ木・農薬について・病害虫の防除方法)
ノート提出(テストが終わった日から3日間は受け取ります(12月6日(水)～12月8日(金)))

《繁殖方法》

- ☐ 繁殖:種をまいて繁殖する方法

- ☐ 繁殖:植物の一部器官から、次世代の植物を繁殖する方法

《苗木生産》 ※図や写真を見て、どの方法なのかわかるようにしよう!

挿し木とは:	
利点:	欠点:

取り木とは:	
利点:	欠点:

接ぎ木とは:	
利点:	欠点:

《切り接ぎの手順》
①（　　　　　）残し、先端が鋭くなるように切り、穂木を作る

②台木を株元から（　　　）cm程度残して、切り詰める

③台木の先端に、切れ込みを入れる

④台木と穂木をぴったり合わせ、テープで固定する

⑤（　　　　　）防止のために、ポリ袋をかぶせる

《農薬について》
・農薬とは：

《病害虫の防除方法》

的防除	的防除	的防除	的防除

7. 農大教職課程で学んだこと

齋藤　皓平

教育現場における教科指導・部活動・生徒指導などの実践や記録

　私が担当している教科に「農業と環境」というものがあります。1年生の始め、生徒が最初に農業に触れる教科になります。農業と環境では、授業で扱った農作物の栽培方法や、基本的な知識を学び習得することを目標に、授業に取り組んできました。授業で扱った農作物は「スイカ・サツマイモ・ダイコン・ハクサイ」です。ダイコンとサツマイモは秋の収穫祭で販売し、中でもサツマイモは焼き芋として販売することで、来てくださった地域の方に喜んでいただけたと思います。昨年度は上記の農作物に加え、お米についても勉強しました。

　田植え実習では、本校水田で苗の定植を行いました。生徒たちは、今までは苗を植えるときはただ適当に植えているものと思っていたようでした。実際にやってみると、1株の苗の数は3～4本と決められていたり、人差し指の第1関節のあたりを目安にさしていったりと細かく決められていることに驚いていました。

平成29年度　農業と環境

- 田植え　稲刈り　餅つきを農業と環境で実施
- 平成29年5月29日に田植えを実施
- 平成29年9月11日に稲刈りを実施
- 平成30年1月11日に餅つきを実施

　稲刈り実習では、田植えの時に自分たちが植えた場所と同じ場所で育ったイネの収穫をしました。わらでイネの束をまとめたり、干すために運んだりと大変な作業も多かったと思いますが、協力して1つのことに取り組むということをそれぞれが学んだのではないかと思います。

　座学でお米について勉強したあと、餅つき実習を行いました。生徒の中には餅つきをしたことがある人も何人かいましたが、改めて、餅つきの意味などを知ることができました。

今までは、何故餅つきをするのか自分自身考えたこともありませんでしたが、今回の実習で生徒と共に学ぶことが出来ました。
　完成したお餅は全員で実食しました。ただ作るだけではなく、栽培から加工、食べるまでを行うことで食べ物を作ることの大変さや、命のありがたさを感じることが出来たのではないか思います。もちろん、生徒は栽培管理のすべてを経験したわけではないため、苦労することなど、まだまだ知らないことは多いと思います。しかし、その一部でも学ぶことが出来たことは、高校生活において、とても良い経験になったと思います。
　今後も、1年を通して栽培から収穫、加工までを流れとして生徒に農業の楽しさを伝えられるように努力していきます。

現場での教材研究・教材開発などの実践や記録

　農業と環境の授業での「土壌」に関する内容を教えるとき、土壌に水が浸透していく様子を何とか視覚的に伝えられないかと工夫しました。
　土壌には単粒構造と団粒構造があり、団粒構造の方が隙間が多い分、水などが浸透しやすく、畑に適しているといわれています。生徒には団粒構造の良い点について説明をするのですが、水が浸透していく様子をイメージするのが難しいせいか、中々良い感じに伝えきることが出来ませんでした。そこで、何とかして視覚的に水が浸透していく様子を伝えられないかと考え、ティッシュを活用した簡単な実験を試してみることにしました。
　実験自体は非常に簡単で、水を入れたコップに折りたたんだティッシュを半分ほどつけ、水がティッシュの繊維の隙間を通って浸透していく様子を観察するというものです。繊維の隙間を団粒構造の粒子の隙間に見立てることによって、水が地面に浸透していくイメージを、少しでもわかりやすく伝えることが出来たのではないかと思います。実験とも呼べない簡単な内容でしたが、このような工夫を積み重ねて、より良い授業内容に出来るように精進していきたいです。

教職を目指す後輩たちへのメッセージ

　教員の世界に入ってから、大切だと感じることが日々増えているように感じます。今のうちに、大学で沢山のことを学び、経験する中で自分の引き出しを少しでも増やしておくと良いと思います。「こんなこと、やっても何の役にも立たない」そう感じたはずのものが、後になって意外と使えるなんてことも結構ありました。無駄になることは何も無いと思います。やったことが役に立つか無駄になるか、それは皆さんの心の持ちようでどうとでも変化します。思いの外短い学生生活、すべてが皆さんの将来の糧となりますように、先輩として応援しています。

農大教職課程で学んだことや思い出など

　農大の教職課程では「沢山のことを学んだ」この一言に尽きると思います。理科や農業の教科に関する専門的な内容はもちろん、わかりやすい授業の工夫、教員としての心構えなどを勉強しました。教育行政論の講義でテストの日程を間違えて次の年、もう一度受け直したことも今となっては良い思い出となっています。特に、コケにいるクマムシを観察した実験は印象的でした。初めて発見したときの興奮は今でも覚えています。そのような興奮や感動を伝えられる教師になれるように、農大教職課程で学んだことをこれからも大切にしながら頑張っていきます。「今日の一品」を忘れずに！

8. 今日の一品で生徒の眼は輝く

江田　匠

授業の導入に今日の一品

　私の授業の導入には必ず、今日の一品がある。1番は授業に関係するものが良いが、授業に掛けられるお金も限られているので、私は、単元初めの授業では、関係のあるものを持って行くことを心掛けている。しかし、取り組んでみると、実際のところ全く関係のないものがほとんどである。私は、生徒が科学に興味を持ってくれればそれでよいと思う。

　学年初めての授業時に今日の一品と黒板に書くと、生徒はなにそれと必ず食いついてくるのが面白い。3日間続けてやると、少しずつ今日の一品は何ですかと聞いてくる生徒も出てくる。1年生の授業でやった今日の一品と今日の一品の延長線(校外・実験室)初めに、教室で見せたものを紹介をする

キュウリグサ

春先にどこにでも生えている雑草である。名前の由来でもあるキュウリの匂いがする。キュウリグサを叩いて匂いを嗅いでみてくださいと演じて見せることで、盛り上がる。

ヒメオドリコソウ

ヒメオドリコソウの特徴とホトケノザの特徴を見比べさせ、観察のポイントを伝える。
どちらも似ているが、よく見ると違うのがわかる。小学生の頃にかなりの生徒がこの花の蜜を吸っていた。

オオイヌノフグリ
大きい犬の金玉と大きい声を出して言うと盛り上がる。キュウリグサとの違いに着目させる。

ノゲシ
レタスの原種であることを伝え、身近に感じさせる。

オニノゲシ
ノゲシの強力なやつを持ってきました！トゲトゲです、さて名前は何でしょうと質問をするとかなり積極性が出て来る。発言できる環境をつくると今後もやりやすいので、習慣としてやっていくとよいと思う。

ハモグリバエ

別名で（絵かき虫）と呼ばれたりもする。ノゲシやオニノゲシの葉に潜り込んでいたので、ついでに紹介をした。幼虫が食べた食痕を見るとハモグリバエの一生がわかる。写真はエンドウ豆の葉

ツツジ

ツツジを分解させ、何があるのか実際に観察させる。花の組織を貼り付けることができるワークシートを作ると構造を理解させやすい。

ダンゴムシ　交替性転向反応

雨の翌日に落ち葉の裏などを探させる。生き物の調査をした教室に持ち帰り、アクリル板にスチロール板を貼り合わせたものにダンゴムシを乗っけて、観察させ、動きに着目させる。

クソニンジン（スイートアニー）

植物の名前に、クソやグズなど下品な言葉が入っていると食いつきがかなり良い。畑の雑草の紹介をした時に用いた。漢方で黄花蒿という生薬で解熱、止血などに用いられる。

8．今日の一品で生徒の眼は輝く

ドクダミ
健康茶として飲まれているドクダミ茶が生の状態だとどんな匂いがするのかを、考えさせる。実際に触れさせてみる。生徒の反応がかなりよく、匂わせ方も確認しておく、盛り上がるが、教室はその時間ずっとドクダミの匂いになる。

イタドリ
実際にかじらせてみる。山菜として食べられているものなので、毒はないと言うと必ず食べられるの？と聞いて来る生徒がいるので、かじらせる。次の瞬間酸っぱい！！と驚きの声が上がる。

アメリカフウロ
ネイティブアメリカンの薬に使われていた。

フレーメン反応

テレビでよく紹介されている動物の笑っている顔を見せる。実は、フェロモンに反応している顔である。人間はその感覚器官（ヤコブソン器官）が退化して無くなっているが、もし感覚器官が残っていたら、満員電車で男性はこの顔になると紹介した。

カタバミ

社会と関連付けさせ、家紋を書かせてみて、カタバミの形が多く使われている事を伝えた。昔から人の近くにある雑草である。

ナガミヒナゲシ(ポピー)

生徒らは見たことがあるが正式な名前は知らないので、紹介をした。
アンパンに乗っているゴマみたいなのは、ポピーの種であることも伝える。また、麻薬（ヘロイン）にもなる事を伝えるとよい反応が返ってくる。

オジギソウ

近くのホームセンターで買った。100円くらいで買える。植物も感覚器官を持っている事を伝えた。

牛の骨

無機物の話をした時に紹介した。本物を触らせる事で、興味を持たせることができる。食べ物に関連付けてもよい。豚の骨でとったスープは豚骨スープ、仙台で有名な牛タンについてくるスープは牛コツスープ、などなど。いかに身近なものとかづけられるかがポイント。

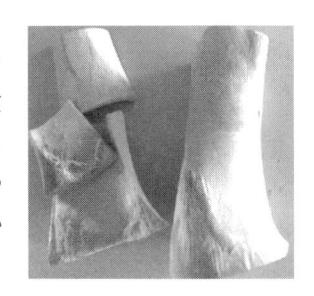

カバの牙

印材として売られている。動物園にいる動物も身近なものに使われていることを伝え、考える力を補う。1年生は、とにかく興味を持たせること。自由研究で今日の一品に関係するものを深く調べてくれる生徒もいるにで、腕の見せ所。

クジラの髭

食生活の紹介をした。静岡の沼津にはイルカ・クジラが売っている。味は血生臭かった。地域によって食べるものが違うので、家庭科と関連させるのに最適。髭は靴べらに加工されたりしている。

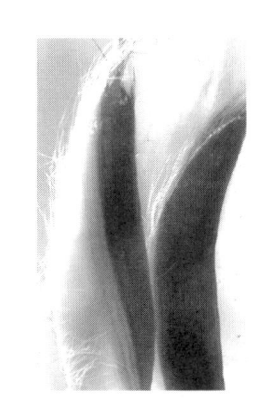

象牙

これも印材で売っている。この骨は高値で取引されます。動物園にもいます。なぜ、殺されなけれびけないのか、道徳・社会などと関連付けると話が広がる意外と重い内容。匂いを嗅がせたりした。

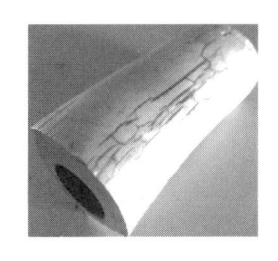

屁糞葛

これも強烈な匂いを出すので紹介をした。花は可愛らしいが匂いが特徴的である。地域清掃で生徒が臭いと言っていたので、次の日に紹介。教室の中が匂いですごくなるので要換気。

ヤンマタケ 冬虫夏草

生徒が持ってきてくれた。山にあったのを拾ってきてくれた。エタノールにつけて標本にしたものを見せた。寄生ってどんなことかを理解させるのに用いた。セミ茸を今後紹介したいと思う。ハリガネムシを紹介しても良い反応が得られると思う。普段見ないものを近くで見せられる環境を作ることが大切。

山椒

山登りが好きな生徒が持ってきてくれた。大人の味、舌が痺れるのを感覚的に学ばせた。市販の山椒の本体はどんなものなのか、考えさせた。加工品の元を知らない生徒は多い。ツナ缶もマグロとカツオがあることを知っている生徒が少なかった。

スベリヒユ（ポーチュラカ）

葉の裏側の観察をさせた。花壇に植えたものが雑草として生えていたので紹介をした。食べることもできる。花として買うと高いが、茎を切ってさしめにすると簡単に増やすことができる。

水素の性質
雷鳴機を作り紹介をした。
大きい音がなるので、実験室で行うこと。シャボン玉に水素を入れてチャッカマンでタイミングよく火をつけさせたり、シャボン玉の液を手に付けさせて泡に火をつけても面白い。

パラフィン
溶かしたパラフィンがどうなるのか、密度と絡めながら、紹介。触れられる温度のものを準備する。触ったり匂いを嗅げるものは印象に残る。

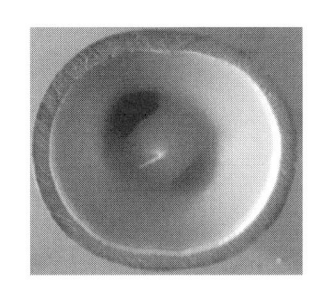

マグネシウムの状態変化
目の前で燃やし、花火の色について紹介をした。2年生の範囲だが気にせず。花火大会が近いころに行うとよい。

パンジーとビオラの違い
実は大きさで決まっている事を話した、食べられることも話した。高級料理店やカンボジアでは普通に食べている。

セイタカアワダチソウ
ブタクサと勘違いをしている生徒が多いので紹介をした。生徒の身長より大きいものを探して、実際に比べるとよい

クズ
名前がクズってついているのでそこで盛り上がる。花はぶどうジュースの匂いで、根は葛餅・葛根湯に利用されている事を紹介した。昼寝草と呼ばれている事にも着目させ、日頃の観察心を定着させる。

フレネルレンズ
ゴミになっていたOHPのレンズを取ってきた。大きいのでかなりわかりやすく実像と虚像について説明できる。

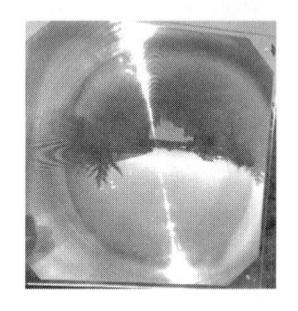

紅葉
色について着目させた。黄色、赤色になるのは何故か考えさせた。葉緑体に着目させ、夏は緑色なのにどうして秋から色が変わるのか考えさせる。校内の紅葉を探す班活動もできる。

ウメモドキ
赤色の綺麗な実ができているので紹介をした。種類によっては準絶滅危惧種である。

ウンコの話
浮くうんこ、沈むうんこの話なぜかを考えさせる。「うんちは食べ物が消化されて残った食べかすでできている」と認識されることもあるが、正しくは70〜80%が水分でできている。残りの20%のうち1/3が食べかすで、1/3が腸内細菌、残りが古くなってはがれた腸の内層を形成する腸粘膜です。香水の匂いにうんこの匂いが少し入っていることも伝えると盛り上がった。

ワサビ
静岡に旅行に行ったときに、わさび田で農家の方から分けてもらった。わさびは空気と触れることで辛くなることを実際に試してみた。刻んだわさびと、すりおろしたわさびで比較させた。アブラナ科なので大根も持っていき同じ実験をした。わさびほどではないが、やはりすりおろしたもののほうが辛さを感じた。

花梨
学校に植えてあるものを利用した。匂いをかがせて、甘いにおいがするのを確認させた。じゃあ味はどうなのか？と生徒が発言したので、少しかじらせてあげた。うわ、渋いと反応が返ってきてからが落としどころ。人間がいかに匂いに騙されているか理解させた。

音叉
音の単元に入っていくときに生徒全員に触らせた。実物に触れ、共鳴や音は波で伝わることが理解させやすかった。

モスキート音
教室でyoutubeの動画で紹介した。あらかじめ担任の先生や、年配の先生で実験をしてから生徒に聞かせてみる。

感熱紙の芯
音が真の長さで変わるのはなぜかを考えさせた。発展で試験管でドレミファソラシを作らせた。

コミュニケーション力を鍛える(宇宙教育)
授業の時間割変更で理科が2時間ある時に使った。紙を切ってパズルを作り、youtubeにjaxa宇宙教育と検索すると出てくる。コミュニケーション力みんなどれくらいありますか。では実際にやってみましょうとはじめる。適

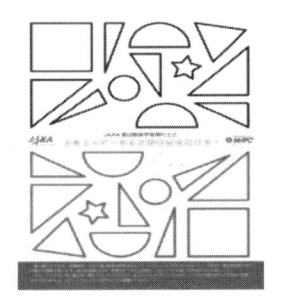

当な形を作って、指示係を回していくことで対話的な授業ができる。

ライデン瓶
静電気の話をしたときに班で作らせた。今日の一品は飲めるよと釣りながら始めた。コツも生徒自身でつかんで各自で聞いたり教えあったりしていたのでよかった。家で作って報告してくれた生徒もいた。

ユーカリ
学校に生えていたので活用した。スーッと鼻を抜ける香りが癖になると生徒が言っていた。

キネティックサンド
触らせながら、力の伝わり方を学んだ。
スライムで学ぶ力の向き
生徒は触れるものが好きなので、これも触らせながら、力の伝わり方を学んだ。

スポンジで圧力の大きさを知る
学校に人が乗れるサイズの大きなスポンジの実験セットがあったので生徒と僕とで比べ対しながら授業をした。体験できる教材は少ないので、俺も私もとスポンジの取り合いになってしまった。写真を撮り忘れてしまった。

水圧を目で見る。感じる。
大きなバケツにごみ袋を入れて足を入れさせてみた。包み込まれる感じが気持ち悪いと生徒が言っていた。これも体験できるので、人気の今日の一品になった。

浮くもの沈むもの
水槽に、八百屋で買ってきた野菜をいろいろ入れて浮くのか沈むのか浮力の実験をした。かぼちゃは浮くのが生徒には意外だったらしい。実際に持たせてから実験を行う。重いのに浮くものは結構ある。

大気の力を知る
実験教材で販売しているのを使った。机に、鍋蓋のついたゴム板を乗せて、引っ張り上げると机が持ち上がると生徒は驚いていた。新聞紙でも似たような実験ができる。

みかん
みたんのヘタの丸い部分を取ると、ポコッと取れ、丸い凹みが出来る。その中の小さい放射状の線の数とみかんの中の房の数は一致すると言われている。実際に試してみた。実験ではその通りになったので、家での宿題にしてみた。9割は一致するが、未熟果は房に付いていたりしたので100パーセントではなかった。

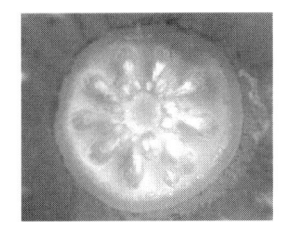

バネでp波とs波を見る
教科書に載っている実験である。簡単なものだが大きなバネでやると迫力があった。

液状化を見る
水槽に校庭の砂を入れ水をある程度染み込ませ、ミニカー、家のフィギアなどを置き、水槽の底から電動アンマをあてると液状化が起きる。電動アンマは俗にいう電マなので男子はニヤニヤしていた。いったい何を想像していたのだろう。

軽石とそうでない石
身の回りにある石と軽石を比べさせた。石のできかた。軽石の特徴などを考えさせられる教材であった。

蛍石
ラピュタの話をしてから見せる。なんで蛍って名前の石なのか考えさせる。答えは発光するからであるが、原理を説明すると難しいのであまり深くは説明しないほうがよい。実験の方法は赤外線ライトをあてるか、ガスバーナーであぶると発光する。ガスバーナーであぶると砕けた石が発光するので、生徒をあまり近くに寄せないこと。

今日の一品（特別ver1）
身の回りにも、いろいろな石が使われていることを確かめるために、学校横の墓園にルーペをもって野外学習をした。ルーペの使い方の確認や、身近な自然を感じることができるので、私は適度に教室外で授業をすることがある。
勉強が苦手な生徒も観察はできるので、活発に活動することができていた。写真は等粒状組織の観察風景

今日の一品（特別ver2）

　最後のお楽しみ実験の風景である。今回は、「普段飲むジュースは自分で作れるのか」を課題に取り組んだ。どれだけ人間は簡単に騙されるのか、透明なコーラやミルクティーはどんな風に作られているのかを身をもって体験してもらった。実験では１００％オレンジジュースをどんどん薄めていき。不味いという言葉が出てくるまで薄めさせた後にガムシロップとクエン酸を追加させてみた。数名の生徒は、匂いがついて甘ければその味に感じることに気が付く。そこで香料の出番である。実際に透明なコーラ、グレープジュースなどを作らせてみた。さらに発展で食紅で黄色に色を付けたイチゴジュースなども作ってあげるとさらに盛り上がった。感想では生徒が普段飲んでいる飲み物がいかに高いか考えている生徒もいた。

　また、こういうこと伝えると、普段の生活とさらに結びつく。JAS法（農林物資の規格化等に関する法律）では、果汁１００％のもの以外は「ジュース」と表示してはいけないことになっていて、「なっちゃん」や「バヤリース」は果汁１００％ではないため、「〇〇％果汁入り飲料」や「清涼飲料水」と表示される。さらに、果汁１００％入りかどうか、をパッと見た目で判断するには、商品の外観に「果実の断面図」があるかどうか、で簡単に分かる。

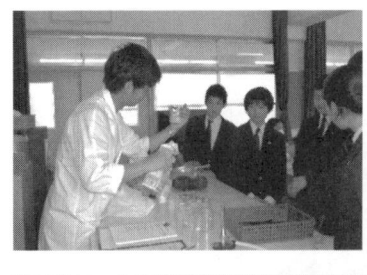

植物と動物にはかなり興味を持っていることがわかった。最近、子供の理科離れと言われているが、それは授業の内容に興味が無いだけで、身の回りの科学について咀嚼して、話すと、ストンと腑に落ちる生徒がほとんどである。いかに身の回りの科学と授業の内容を関連づけさせるかが、課題である。

今日の一品は身の回りの科学について理解を深めたり、興味付かせるのにとても有効なものである。準備には時間がかかるが、登校中に拾ってきたものでも、生徒が実際に見て触って、匂いを嗅いで、五感を働かせる物はそこら中にあるので、是非活用していただきたい。

今日の一品を行うに当たって

やはり、金銭面が苦になってくると思う。学校の中で教科が使ってよいお金があるが、一年間でおよそ１０万円前後である。しかも、３学年で１０万円前後。その資金の中で消耗品や備品を買うことになっていて、計算すると１人あたり１年間３００円程度で、指導案に載っている実験を行っていかなければならないので、今日の一品にかけられるお金はほぼ無いと考えても過言ではない。その中で今日の一品を行うために、私は助成金を活用している。私が現在活用しているのは、各都道府県で実

施されている外来種駆除で得られる資金である。これは、環境学習でも使える一品でもあり、地域の在来種を保護する活動になるので、実践してほしい。また、研究成果を発表すると他にも助成金を出してくれるところがあるが、難易度は高めである。まだ、実践して1年であるが、地域の方々にも今日の一品に使ってくださいと、持ってきてくれる方も出てくる。研修には積極的に参加し、新しい情報を取り入れ、地域に発信していくことが、大切であると考えている。

夏休みの自由研究

私が勤務している地域には、自由研究が夏休みの宿題で強制になっている。行っていない地域でも夏休みに取り入れてもらいたいと考えている。なぜかというと、地域の科学であったり、生徒が興味を持っているものが分かるからである。写真は班での発表風景である。発表することで、主体的な授業ができる。また教師も発見が多くある。

参考・引用文献
雑草が面白い　盛口　満
使える！楽しい！中学校理科授業のネタ100　三好　美覚
家・学校まわりの野草雑草検索図鑑　千葉県立中央博物館

9．農業高校教員までの道のりと現在の仕事

菅原　礼太郎

はじめに

　平成28年度農学部畜産学科卒。神奈川県横浜市で生まれ。高校生になるまで全くと言っていいほど農業とは無縁。そんな私を農業の世界に連れ出したのは、普段何気なく食べている食べ物であり、祖父が家庭菜園で栽培する野菜や、実家の近所である中華街の店頭で整然と並べられている焼豚や北京ダックをはじめとする魅力あふれる畜産物であった。そんな私は高校に進学する際、ぼんやりとだが東京農業大学に進み、その後は「教師」になるという将来像が浮かんでいた。
　中学卒業後、神奈川県立相原高等学校畜産科学科に進学。部活動は畜産部に入部した。毎日朝から晩まで飼養管理に明け暮れ、土日も休むこと無く活動した。1年生の時から東京農大を進路に定め、そのために農業クラブの活動にも力を入れた。意見発表会、プロジェクト発表会、家畜審査競技会、農業鑑定競技会だけでは無く、単位クラブの会長の職務も全うした。そんな私は晴れて東京農業大学農学部畜産学科に入学し、3年次に家畜生理学研究室に入室した。4年間軟式野球サークルの活動を続けるとともに、自分で設定したテーマの卒業論文にも力を入れた。大学卒業後、栃木県立真岡北陵高等学校生物生産科の常勤講師として勤務し、2年目に栃木県教員採用試験に合格、平成30年度新規採用教員として同栃木県立真岡北陵高等学校に教諭として着任。常勤講師時と同じく、生物生産科に勤務。今年度の主な校務分掌として、生物生産科3年の副担任、農業クラブ校内第1顧問、特別活動部生徒会会計係、生徒指導部交通指導係責任者、表彰伝達式責任者、野球部副顧問である。

本校紹介

　本校の生物生産科は野菜・作物・草花・果樹・畜産の5部門が現場学習の柱となるとともに、生産にも力を入れている。野菜部門では、一般

的な野菜だけではなく、真岡市が日本一の生産量を誇るイチゴの生産に力をいれている。全国的にも有名な「とちおとめ」。甘くて大粒であり贈答用として人気のある「スカイベリー」。また、夏に生産することができる「なつおとめ」の3品種が導入されている。作物では、GLOBAL G.A.P.取得を視野に入れた米や、夏にもぎ取り体験を開催するためのトウモロコシの栽培をしている。草花では季節に合わせた花卉類の栽培に力を入れ、マリーゴールド、サルビア、パンジー、シクラメンが栽培を中心としている。特にシクラメンにおいては栃木県の展覧会で金賞を受賞したほどである。果樹では、真岡市が属する芳賀地区の名産品であるナシやブドウを栽培している。さらにナシでは、栃木県の推奨品種である「にっこり」も育てており、毎年11月に行われる文化祭では人気商品である。そして私が担当している畜産では、ホルスタイン種30頭、ジャージー種1頭、黒毛和種20頭、豚30頭を飼育している。牛はホルスタイン種や黒毛和種、ジャージー種を飼育するとともに、「とちぎ和牛」の生産も行っている。豚ではハイブリット種である「ケンボロー」を飼育するとともにプロジェクト活動を実施し、栃木県代表に選出され、第69回関東地区学校農業クラブ連盟大会山梨大会で優秀賞を獲得した。また、共進会にも積極的に参加し、数多くの賞を受賞している。

　生物生産科の生徒は2年次の11月までに5部門の教科を学習し、そこから専攻を決め、卒業までの残りの期間を過ごすこととなる。

現場での教科指導・教材研究
①畜産
　2年次の必修科目である。1学期には家畜の歴史や飼料学、その後に3大家畜の品種についての授業を展開する。品種を先に学ぶ利点として、様々な品種の特徴や用途を学ぶことによって、生徒自身の身近な食生活などとリンクできるところである。家畜は品種によって外貌も異なれば、用途も様々である。このような身近な所から、生徒の興味関心を引き出すことで、今後の畜産を学習するにあたっての意欲を高めることができる。また、毎年行われる農業クラブの「農業鑑定競技会」の問題の対策もできる利点がある。その後、2学期にニワトリとブタの授業を展開し、

３学期にウシを学ぶ。この授業は本校舎で授業を行う。そのため、実物を持ち込むことが困難であり、実物を見せたい場合は、「総合実習」の授業で復習を兼ねて学べるように心がけている。

　実際のところ、私自身、畜産を２年次の１年間で学ぶのは不可能であると考えている。なぜなら、畜産という学問についての土台が全く無いからである。植物の学問であれば「農業と環境」で基礎基本を習得することができる。しかし、本校の「農業と環境」のカリキュラムでは畜産については触れずに栽培管理を主として学ぶからである。そのため畜産は基本的な飼養管理しか学べていないのが現状である。高校生が学ぶ畜産の中には３大家畜の繁殖学、飼養学、経営学がメインになっている。しかし、１年間では教え足りないのが私の本音である。

②農業情報処理

　１年次の必修科目である。１学期には基本的なパソコン操作とともにWord。２学期にはExcel。３学期にはPowerPointの知識や技術を習得する。また、教科書を用いて、ネチケットや情報化社会についても勉強をする。さらに、日本情報処理検定にも力を入れ、就職・進学のための資格取得を行う授業を展開している。

　これからの時代はパソコンが使えないと就職が厳しいという先輩教師の話を聞き、熱をいれて授業を行っている。確かにすべての職業に必要とは言えないかもしれないが、農業もオートメーション化が進み、実際に人間が作業をしない農業の時代が訪れるのは時間の問題だと考える。また、近年は生徒間のＳＮＳの問題が多発しており、本校でもＳＮＳ関連の生徒指導が発生している。そのためにも座学で「ネットワーク上のエチケット」＝「ネチケット」に関する授業を展開し、少しでも抑制できればと思いながら授業をしている。

③農業機械

　３年次の選択必修科目である。１学期に４ストロークエンジンや２ストロークエンジンの構造。２学期にトラクタ。３学期に作業機についての授業を展開する。また、実習ではトラクタの運転からロータリ、けん

引の運転、フォークリフトの運転などを行う。この授業は、現代の農業は農業機械を使用して作物を栽培したり、家畜を飼育したりするのが主流であるため、将来の日本の農業を担う人材育成には欠かせない科目であると考える。また、農業機械の危険性についても学び、農業機械は作業の利便性を図ると同時に人の命を奪うものでもある。農業機械を教える以上、利便性だけではなく危険性も教えなければならない。

現場での教材研究、教材開発などの実践や記録

現在、一番力を入れて指導しているのは農業クラブのプロジェクト活動である。農業クラブとは生徒の「科学性」「社会性」「指導性」の３大目標を育むものであり、そのなかでもプロジェクト活動とはグループで研究課題を設定し、その課題に対して研究を進めていくものである。また、日頃のプロジェクト活動で実践したことやその成果をまとめてグループで発表し、研究した内容などについて客観的な意見や評価を受け、審査されるプロジェクト発表会に向けて発表練習なども行います。そして私が指導している研究班では、豚のブランド化を目的とした活動を行っている。栃木県は牛が有名であるが、豚も生産量第９位と決して低くない。その結果を知った生徒が「栃木県は牛だけじゃない！！」と言った一言でプロジェクト活動が始まり、３年生３人、２年生５人が活動している。

このプロジェクト活動の良いところは、農業クラブの３大目標を育みやすいところだと私は考えており、指導方法として、できるだけアドバイスのみを実施し、作業などに手をださないように心がけている。生徒の主体的な学びを育む活動としても最適であり、私は教員と生徒が一緒に学べる活動でもあるのではないか。しかし、プロジェクト活動は１〜２ヶ月などといった短期的なものではなく、１年以上の長期的なものであるため、校務に支障が出るときも少なくない。また、活動を通して、生徒間の関係が悪くなってしまうことがあるのも事実である。しかし、活動を通して得るものは、それ以上であると考えている。

教職を目指す後輩たちへのメッセージ
　「生徒のために何ができるのか。」常勤講師になる前に恩師から言われた一言である。この一言は教員として働くために、忘れてはいけない言葉なのではないか。1年目の私は、この言葉を聞き、無我夢中に座学で知識を教え、実習で生徒に技術を習得させた。しかし、この言葉の本当の意味を知ったのは2年目ときであった。「生徒のために。」これは、生徒に対しての授業を始め、将来を見据えた進路指導、生徒指導は、生徒の一生を左右してしまうため、いかに最善の方向に導くことができるかという意味だと気付くことができた。最善の方向に導くには、教員自身のスキルアップを欠かしてはならない。そのため、今でも専門教科を始め小論文の勉強をしている。学校は生徒だけではなく、教員も成長する場だと考えることができた。
　また、自分が思い描いている教員生活と、実際の教員生活には必ずズレがあることを念頭に置いていてほしい。学校によって生徒の雰囲気や学力に差があるだけではなく、クラスによっても全く異なる。まだまだ私も思い描いている教員生活はできていない。しかし、理想を追い求めることは悪いことではなく、理想に向かって自分も教員として成長していければと考えている。

10. 私の教育実践

井坂　伸樹

私の赴任校について

日立第二高等学校とは制度上は男女共学であるが，実際は女子高である。非常に活気に満ちておりクラスマッチでは衣装を一から作成し，競技に参加するなど生徒一人一人が個性あふれる学校である。

教科について

私の担当教科は三学年の生物と生物基礎である。私が日立二高に赴任して最初に驚いたのは生徒の生物に対しての興味・関心が大学，教育実習の時と比べ，はるかに薄いということであった。「入試で使用しないから」，「将来役に立たないから」とテストで良い点を採るということ以外で自主的に勉強しようとする生徒はいなかった。私にとって最初の大きな壁であった。

部活動について

私はソフトボール部の正顧問をしている。今まで茶道部，演劇部と運動経験に乏しい私にとって二番目にぶつかった壁であった。大会の運営やノック，練習試合の申し込みやメニューの作成など毎日やるべきことが山積しており一番大変だった。そこで優先順位を毎回決め，時には他の先生や外部の方に協力してもらうなど決して一人で抱え込まないようにした。自分自身も体を鍛え，心身ともに強固にするように努力した。まだまだ課題は多いが一つ一つ解決する予定である。

教科の実践について

私はまず生物に興味を持ってもらうために授業の度に必ず理科に関する豆知識を教えることにした。「今回からはバイオームについて勉強したい。ただし，植物について何も知らないまま勉強しても楽しく

はないね?だから今日は植物の種類について知ってもらいたい。」という風に最初に目的を述べ，実際に植物の葉を見せたり，一緒に校内をめぐりながら植物の解説をしたりと「実学主義」と「生物の面白さ」を徹底した。また，大学で学んだ昆虫の知識をもとに夏にかけては珍しい昆虫や自分の昆虫採集についてなどＩＣＴ機器も時には活用し動画やスライドで生徒に伝えた。最初は生徒たちも昆虫について遠巻きに眺めるだけだったが，最近では「先生，この虫の名前はなんていうの?」と興味を少しずつ持ってくれて生物教師としてのやりがいを感じている。

生徒指導について
私は三学年の副担任をしている。三学年で避けては通れないのは大学入試である。今年はＡＯ入試で受験する生徒が多いため何人か面接指導も行っている。職業や大学について調べ，本番にできるだけ近くなるように面接の練習を指導し生徒の言葉をよく聞いた。生徒の合格報告を聞いた時は私自身のことのようにうれしかった。

後輩たちへのメッセージ
教師とは聖職者だと思う。部活や教科，日常の生活について時には生徒に嫌われることを覚悟してでも指導をしなくてはならない。そして生徒に愛情をもって接することが大切である。そして教師は一人では成立しない職業である。生徒、保護者、同僚の教師たちなどどんなに優秀でも一人ではなく常に誰かと関わり続ける仕事という考えで教職を目指したほうが良い。最後に，生徒はつらくて泣きそうになるくらい関わることは大変なことばかりであるが，嬉しくて泣きそうになるくらいの出来事を教えてくれるのも生徒である。私はこの職業以上に誇りに思える仕事はないと考える。もし教職を目指す覚悟があるのなら是非最後まで貫き通してほしい。

10. 私の教育実践

語呂合わせ
- 酎ハイ飲んで、純金国家の 政治 知らん。
- 酎ハイ：中胚葉
- 純：循環器（血管）　らん　卵巣
- 金：　筋肉
- 国家：骨格
- 政：　精巣
- 治：　腎臓
- 知：　心臓

語呂合わせ
- 外は皮膚 新幹線の内側に コショウ振って におい消す。

外胚葉：皮膚、神経系、感覚器
内胚葉：呼吸器、消火器、尿路

11. 苗川博史教授ご退職に寄せて

田村　夏希

　私事ですが、2018年、東京農業大学大学院を卒業し、晴れて教員になることができました。現在、授業や校務分掌など教員として当たり前の仕事を黙々とこなしつつ、部活動や担任業務などを任され、日々忙しく過ごしております。生徒からは、「先生！」と毎日たくさんの声をかけられ、新任という辛さを忘れるほど楽しく教員生活を送ることができています。この夢のような生活を迎えることができたのは、学部1年次からお世話になりました苗川先生の多大なるお力添えのおかげです。学部卒業後も大学院での研究活動や就職活動において、親切丁寧にご指導いただきまして誠にありがとうございました。今回、ご退職を記念した本書の出版につき、私にも一説お話しいただきたいとご依頼していただき大変うれしく思います。そして、このような機会をいただけたことに感謝いたします。東京農業大学への入学（着任）が同じ苗川先生との思い出を振り返りながら、教員生活4ヶ月の新人先生奮闘記でも皆さんにお伝えできればと、現在の生活をお話ししていきたいと思います。

　私は、2018年4月より東京都にあります私立の高等学校にて理科教諭として働いております。科目は生物, 生物基礎, 化学基礎, 科学実験助手を担当し、1, 2, 3年生とすべての学年の授業を受け持っています。今年度入学の1年生より大学入試制度が変わるため、どのような変化にも対応することができるよう本校でもICT教育の推進を図り、1年生は全員iPadを使った授業をしています。教員は、現在の体制を整えるべく3年前からiPadが導入され、職員会議はペーパーレス化し、授業では効率と面白さが求められています。すでに全クラスにスクリーンとApple TVが設置されているため、多くの先生はパワーポイントを使用したスライドによる授業を展開しています。板書については、従来のノート型の先生とプリント型の先生がおり、何をどのように大切にしているかでそれぞれ板書のスタイルが決まっています。1年生の授業では、iPadの

アプリであるロイロ・スクールノートを活用した授業展開が求められており、従来の授業形態からの移行により浮いた時間はこのアプリを活用したアクティブラーニングが行われています。また、クラウドサービスClassiにより、授業の復習や夏休みの宿題などをWebテストとして配信、学習の定着を図っています。このClassiには、そのほか基本情報や外部テストの結果が明記されています。また、生徒が自分のiPadから残した毎日の学習記録もみることができ、生徒・保護者との面談や教員同士の引継ぎにとても役立っています。

さて、ここからは、私の授業について紹介していきたいと思います。はじめに、私の授業では、デジタル教材を活用し、プリントへの書き込みとパワーポイントによるスライドの展開をしています。ICT環境が充実しているため、導入は何かしらの写真や動画を映し出し、授業に対して興味を持ってもらえるようにしています。この写真や動画は、授業に関連する生命・科学現象はもちろんのこと、私個人の趣味や気になったニュースを取り上げ紹介しています。本校は、部活動が盛んである反面、勉強についてはあまり得意でない子が多く在籍しています。そのため、まずは授業を受ける姿勢を大事にし、勉強というものへの興味・関心を持たせるように心がけています。たった4ヶ月の教員経験では理科を教えるにあたり経験不足が顕著に表れます。したがって、私だからこそできる授業というものを大切にし、できるだけ多くの子の反応を一つ一つ丁寧に返してあげるよう心がけています。また、「授業はみんなでつくるもの」を目標に掲げ、日々の授業を行っています。普段の生活では、毎日笑顔で挨拶をし、生徒が明るい生活を送れるよう心がけています。さらに、新任だからこそ何事も全力で行動することを大切にしています。授業も学校生活も、自分一人で行うには難しく、多くの壁にぶつかります。そんな時、「先生が好きだからこの授業頑張ろう」や「先生が一生懸命頑張っているから先生の力になろう」と答えてくれる生徒も多く、そのような生徒たちに日々優しく助けられています。

次に、教材研究についてお答えしますと…正直ほとんどできていません。というのも、のちにお話しいたしますが、私は、採用の時点で部活動指導に重きを置かれており、週6日4時間が部活動の時間として割か

れています。また週2日約1時間は学年や教科・分掌の会議が入ります。したがって、1日の業務としては、授業約4時間+副担任業務+会議+部活動4時間であり、毎日12時間学校で過ごしたとしても、これだけで1日が終わってしまいます。特に、報告書や保護者への連絡などがあると空いた時間はほとんどありません。時には、お昼ご飯を食べられないような日もあります。1年を通した授業をしたことのない私にとって、その日その日の授業準備で精一杯になるのです。私が高校生の時は、ゆとり教育がわずかに残っており、カリキュラムも生物Ⅰ．生物Ⅱの世界でした。現在、教科書で教える範囲は膨大に増え、生物基礎と生物で教える範囲の違いが分からないこともあります。加えて、新しい用語や実験内容も増え、自身の経験だけでは授業をすることはできません。したがって、自身の授業経験を焼き直して授業に臨むのです。このような中で、教材研究・教材開発ができるでしょうか。結論は明白です。

　一方、忙しさに身を削られながらも、実際に生き物を目で見ることを大切にしています。日常にある動植物に目を向け、自然の季節感を身に着けてほしいと願っています。したがって、私自身、通勤の際には近くの公園で植物を眺め、時には写真を撮り、授業に使用します。また、摘める植物であれば数本摘み取り、授業内で回し「何の植物か」と問いかけます。以前紹介したものですと、6月には公園に咲いていたアガパンサスや9月にはサルスベリ、ドングリ（コナラ）、アサガオを写真で紹介しました。さらに、先日は道端にニラの花が咲いており、授業に持ち込んだところ大いに盛り上がりました。ちなみに、1.2.3年生どの学年でもすぐに正解するクラスはありませんでした。これだけ身近に食べている植物であるにも関わらず、その実態を知らないというのは面白く、興味を沸かせるものとなりました。学内にあるザクロやビワの花なども知らない生徒が多く、食べ物シリーズは今後も紹介していこうと思います。さて、最近では、カブトエビの観察キットを購入し（小学生の自由研究の残り商品として安くなっていたのでつい…)、3年生の授業で箱を開けるところから、一からみんなで育て始めました。ちょうど次の授業が「生殖と発生」の単元のこともあり、導入に使用しました。このカブトエビの観察キットは、本来、生き物を育てようというテーマで行われる

と思います。しかし、そこは高校生らしく、授業の一環としてカブトエビの生態や生活環境、ふ化する条件を考え、卵や成長の大きさから寿命を推測させたりしました。また、パッケージから何が読み取れるか、説明書を読むことの大切さについても教えました。結局、まる1時間使ってしまったのですが、理系生物選択者の授業であったのでかなり興味をもって授業に取り組んでいました。

　1.2年生の基礎ものは週2時間、3年生の選択生物は週4時間あります。そのため、できるだけ選択生物ではきちんと導入を準備して、時間が許せば1.2年生の基礎の時間にも紹介するというスタイルで準備しています。そして準備する導入は、できるだけ学内や生徒の通学路にある公園で採集できる身近なものや普段食べているものなどを取り上げるよう心がけています。また、生徒は先生の私生活にとても興味を持っています。そのため、2学期始まってすぐには、私の夏休みということで、出かけ先の「富士サファリーパーク」の写真から哺乳類だけでなく爬虫類の脱皮から海外留学先での動物園の話に話題を広げ紹介しました。また、私の実家や現在の生活区域が生徒の通学路にあることもあり、近くの有名な「かき氷屋さん」を紹介し、親しみやすいさを感じてもらう授業展開を行いました。

このように、毎時間何らかの小ネタを用意して、それから授業に移るスタイルは、苗川先生の「今日の一品」を真似たものとなっています。当時、教職課程の授業で受けた「理科教育法Ⅰ」における苗川先生の「今日の一品」にはとても衝撃を受け、漠然にすごいと思うと同時に毎時間楽しみにしていました。先生は、「今日の一品」はどんな生徒も必ず注目する方法で、理科そのものに興味をもってもらう導入にとてもいいと言っていました。同時に、聞いていない生徒に対して聞いておけばよかったと後悔させたら大成功とも言っており、そのような考えがとても面白く、私も実践したいと思ったのを強く覚えています。それから、私は教育実習の「遺伝」でストローを用いて二重らせん構造を作り、半保存的複製を面白く理解させることができました。また、就職活動中の模擬授業でもリボンで作った二重らせん構造を用いた授業し、多くの学校で良い評判をいただくことができました。このように先生の今日の一品を真

似て成功した私自身の経験を強みにし、現在の導入にも積極的に取り入れています。文理混合の1.2年生には評判が分かれますが、理系選択生物の3年生には好評で、対象に応じて変化をさせつつ、これからも自信をもって続けていきたいと思います。

さて、ここまでなんだかんだと教科について長々お話しさせていただきました。ここからは、私の採用に至った部活動についてお話しようと思います。先ほど、少しお話に上がりましたが、私は大学時代に熱心に取り組んだ部活動により今の職業を手に入れたといっても過言ではありません。私は大学4年間チアリーディングと応援活動に励みました。もともと好奇心旺盛な私は、4年間を部活動に捧げ、大学生活やり残したと思うことがあり大学院に進学し、研究活動に励みました。大学院での研究生活は学部生時代となんら変わらない生活を過ごし、立派と言えるような修了ではなかったと思います。しかし、立派に修了させてくれるよう指導教官が丁寧に指導し、教育分野では苗川先生にご指導いただき、無事終了することができました。苗川先生ありがとうございます。このような経験のもと、就職活動ではチアリーディングを強みとし、一般財団法人日本私学教育研究所に募集されている神奈川県・東京都の私立学校を隅から隅まで調べつくし、現在の学校に着任することができました。本校では、理科教員の募集であったにも関わらず、面接では部活動のことのみが聞かれ、本当に求められていた人材にヒットしたのだと実感しました。

期待をしつつ、いざ、チームを見てみるとそこには多くの難しいことが待ち受けていました。当初、私は安全に重きを置いて指導をしてほしいとのことでした。しかし、目の当たりにしたのは怪我をして当然と考える生徒と、美しくなくても技が決まればその1本で良しとする練習内容でした。現在、チアリーディング部の生徒たちとも日夜奮闘中であり、詳細については機会を改めて書き綴りたいと考えています。

12. 教員を目指す学生へアドバイス

金井　一成

1．はじめに
　著者は現在、大学院に所属しているが、研究者の真似事をしている身からすれば、書籍の執筆の機会をいただけることは、願ったり叶ったりである。そこで、この機会を利用して、苗川先生との思い出を振り返りながら、実際に教員として働いている方にしたら大変おこがましいのを重々承知の上で、自分なりに教育とは何か、教育者に必要な資質とは何か、考察したい。そのうえで、自身の経験を踏まえながら将来、教員を目指す学生へアドバイスをしたいと考えている。本稿が教員を目指している学生の力になれれば幸いである。

2．苗川先生の授業
著者は東京農業大学に入学し、一般・専門科目と、教職課程を履修した。教職課程の授業が本格化した2年次生から大学を卒業するまでの間は、苗川先生のもと、理科教育について勉強した。大学で行われた一般・専門科目の授業は、(教科書に書かれていることしか話さない授業ばかりだったため) ほとんどが退屈な内容であったが、教職課程の授業、特に苗川先生の授業は、一般・専門科目の授業と一、二味違って、すごく魅力的なものであった。苗川先生の授業の冒頭では、「今日の一品」として動物の頭蓋骨や毛皮、どこからとってきたのかわからないような植物の大きな種子など、著者の興味を惹かれるものばかりであった。今日の一品で出てきた品々は実際に手に取ることができたし、同時に解説もついてきたので楽しくないはずがなかった。また、新しい実験を考えてくる、にぼしを解剖して臓器をすべて同定するなど、これまでの授業にはないスタイルにも凄く惹かれ、若き頃の著者は、毎週ある、苗川先生の授業を待ち遠しく感じていた。とにかく、苗川先生の授業はすごく魅力的であった。なぜ苗川先生の授業が魅力的であったのか、思い返してみると、

授業内容に関連している体験談を語って下さったことや、先生自身も学生と一緒に楽しみながら授業をしていたためであろう。すなわち、生徒が先生の体験談を聞けることや、生徒と教員が一緒に手を動かす、楽しむということが、魅力的な授業、ひいては生徒の興味関心を引きだすための授業にとって、必要な要素であるのかもしれない。

3．魅力的な授業とは何か？

魅力的な授業をするために必要な要素については前節で既に指摘したが、教員が生徒と一緒に手を動かす、楽しむというスタンスが魅力的な授業を行う上で重要な要素であることは、歴史的に有名な教育者を見ても同様のことが見て取れる。歴史的に有名な教育者の中でも、個人的に尊敬しているのがウィリアム・スミス・クラーク博士である。日本の近代農学はお雇い外国人の助けを借りて始まったが、クラーク博士は、札幌農学校（現在、北海道大学）の初代教頭を務めた人物で、外国人農学教育者のパイオニア的存在であった。教え子に偉人が多いことをみても、彼の教育がいかに優れていたかがわかる。

クラーク博士がここまで著名である理由の一つとして、「Boys, be ambitious」という名言を残した経緯がある。この言葉は、彼が生徒との別れの際に、馬背に跨り、長鞭を馬腹にあてて疎林のかなたへ去っていったときに言い残したらしいので、きっとキザな男であったのかもしれない。しかし、この言葉に続きがあることを知っている人は少ない。実は次いで、「like this old men.」と続けたそうである。和訳にすれば、「少年よ、大志を抱け、この老人の如く」である。私は、この言葉には、教育者としての本質があるように感じる。すなわち、教育とは教えるだけでは不十分であり、教える側が実際にやって見せて、魅力を伝えてこそ意味があるのではないだろうか。「背中を見て学べ」とはよく言ったもので、教える側が本に書かれているようなことばかりを教えるのでは誰がやっても同じである。勘違いしてほしくない点は、具体的なことも教えないで見て学べと言っているのではなく、口ばかり動かしてないで実際にやって見せろ、魅力を伝えてみろと言っているのである。やはり、教員は実際にやって見せられること、生徒に物事の魅力が何かを伝えら

れる、そのための指導できることが求められると思う。要するに、「船を造りたいのなら、人を集めたり、彼らに仕事や作業を割り当てたりするな。彼らに海の無限の広さへの憧れを教えよ。」というわけである。
これまで記述してきた様に、教育は教科書に書いてあることを教えるだけでは不十分で、主体的に行動し、生徒に対して実際にやって見せられること、物事の魅力を伝えられることが重要なのではないだろうか。なお、このように考えるのは自身の経験が後押しをしている。私は大学生に対し、研究の指導をしてきた経験がある。その中で、研究に対して論理的な内容の指導をした場合よりも、一緒に実験を行った場合のほうが学生の研究能力は遥かに高まった。このとき、不思議なことに、実験を一緒に行っただけで、実験技術の向上だけでなく、論理的思考が以前よりもできるようになった。このように指導者と学生が一緒に手を動かす、さらにはその過程で得られることは、生徒にとっては知識を教えられるよりも非常に重要な活動であるのかもしれない。

4. 生徒にとって良い教員になるには

以上のように、教育は教えるだけでは不十分であることを指摘してきた。そこで、自身の経験も大いに参考にしつつ、将来、理科教員を目指している学生へ、良い教師になるためにはどうしたらよいのか、アドバイスをしたい。

それは、卒業研究を全力で取り組んでほしい。教員希望の生徒の中には忙しいので簡単な卒業論文にしたいなど発言するものがいた。しかし、卒業研究を通して得られるものは、教員になった際に非常に役立つことばかりなので、真剣に取り組むべきである。理科教員になれば実験指導の能力や教材研究を行うことが当然、求められる。教員に必要な能力を養うためには、研究を通して訓練するのがベストである。すなわち、卒業研究で実験器具を扱えば、理科実験を安全に遂行できる能力を育成できる。また、研究の枠組みを考え、得られたデータから考察する場合には、論理的思考を養える。さらに、論文を作成するときは、文献調査に関する能力も育成できる。この中でも、論理的思考ができることは特に重要である。中学校や高校の理科実験では、実験後にレポートを書いた

ことは誰しも経験があると思うが、導き出された考察の答え合わせはしても、物事の考え方を指導してくれる先生は少なかったのではないだろうか（私の記憶の上では、これまで物事の考え方を教えてくださったのは大学の先生だけである）。

指摘したように、高校までの理科教育では、生徒の論理的思考の育成に関する教育が少し甘いのであろう。しかし、この論理的思考に関する能力は、物事を考える上で、非常に重要であることは言うまでもない。論理的思考に関する能力は勝手に培われるものではなく、育成するには訓練が必要である。したがって、理科教員を目指すものであれば、卒業研究を通して訓練し、大学を卒業するまでには論理的思考ができるようになってほしい（と言うのも、大学卒業時に論理的思考がきちんとできる人は非常に少ないと感じる）。そして、その能力を教育現場にフィードバックし、生徒の生きる力の育成に励みつつ、Boys, be ambitious like this old men の姿勢で、教育活動を行えば、きっと生徒にとって良い教員になれるのではないだろうか。いや、なれる。…と昨晩の夢の中に出てきたクラーク博士が言っていたから間違いない。

13. これまでの教員採用試験に至るまでの過程

堀　このみ

　教師を目指すとは思っていませんでした。なぜなら私の両親は教師をしているため、マネをしているようで、その道を選びたくありませんでした。そんな私が教職課程を取った理由は、両親に大学に進学するなら教職を取るよう言われたからです。私自身も大学を卒業する時に何か資格を取得していたかったということもあり、教職課程を取ることに対して抵抗はありませんでした。そんな私が教師という職業を意識し始めたのは、大学3年生時に行った介護等体験で特別支援学校を2日間体験した時です。生徒の成長に関わる仕事に関わりたい、障がいのある人とない人が共に過ごすことのできる社会をつくりたいと思ったからです。

　私が教員採用試験の勉強を始めたのは、前年の十二月です。何から始めたら良いのか分からなかったため、教員採用試験のための通信講座を取ることにしました。私は出身県と大学がある県の二つを受験することに決めました。十二月から教職教養の勉強を始め、三月から専門教科の勉強を始めました。一般教養は過去問のみ勉強を行いました。論作文は5月から書く練習を行い、一次試験の発表後に面接練習を始めました。

【①教職を目指す後輩たちへメッセージ】

　「周りの人に流されるな」私は大学院生ということもあり、私の周りは一般企業に就職する人ばかりで、同じ目標に向かって一緒に頑張る友達がいませんでした。そのため勉強の速度が分からず、だらだらと勉強をしていました。私の勉強スイッチが入ったのは六月七日です。その日は友達から初めて内定をもらったと報告された日で、その時初めて本気で「このままでは一次試験に落ちる」と感じました。進路が決まるのは私が最後ということは決まっており、このまま周りの内定報告を受けていると精神が持たないと思い、友達と距離を置きました。その代わりSNSで教員採用試験を受ける人のアカウントを見て、やる気を出していました。

【②農大教職課程で学んだことや思い出】

　農大で覚えている授業は、理科教育法です。イカやシシャモの解剖・オレンジの皮で風船を割る授業等を受け、大学の授業とは思えない程、楽しい授業を受けることができました。教職課程を取っていない友達を連れて一緒に授業を受けたこともありました。この授業を通して、授業は聞くだけではなく、実際に体験することが大切だということを学びました。体験をすることで授業が楽しいだけでなく、生徒自身が新たな発見をすること・生徒が自発的に行動できるようになることを学びました。

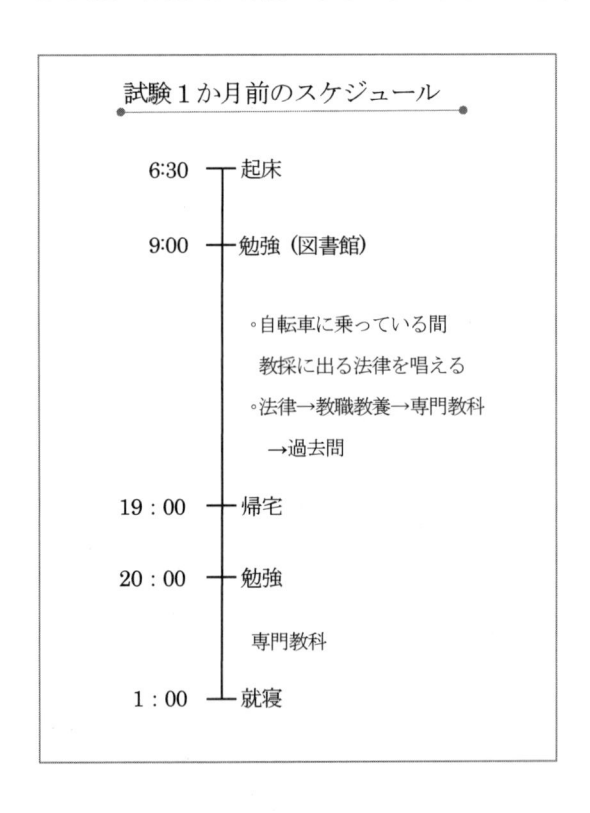

```
試験1か月前のスケジュール

6:30  ── 起床

9:00  ── 勉強（図書館）

         ○自転車に乗っている間
          教採に出る法律を唱える
         ○法律→教職教養→専門教科
          →過去問

19:00 ── 帰宅

20:00 ── 勉強

         専門教科

1:00  ── 就寝
```

14. 非常勤講師として学んだことと後輩へのメッセージ

相澤　拓朗

　私は7年前、神奈川県の農業高校へ入学しました。この高校生活が有意義なもので、成長できたと強く感じられたことから、私も教育者の一員になり生徒の成長の場を提供したいと強く思うようになりました。高校卒業後東京農業大学へ進学し、教育者になることを目標に掲げ、勉学に励みました。大学生活の月日の流れは早く、あっという間に教育実習、卒業論文提出を終え、卒業式を迎えました。そして現在は東京農業大学大学院で研究活動を行っています。さらに出会いに恵まれたことから、神奈川県立中央農業高等学校の非常勤講師として教育活動も行わせていただいています。そこでこの文章では、非常勤講師として勤務している教育現場で感じたことや、今後の目標を書かせていただきます。現在教職を目指している近い世代の後輩たちには、教員一年目の私の心情を綴ったこの文章を参考にして本当に教員になりたいのか考えてほしいと思っています。

　神奈川県立中央農業高等学校には週2回出勤し、授業を行っています。担当教科は畜産科学科以外の生徒が選択して受けられる畜産の授業と、牛乳の品質管理方法を学習する実習科目、そして実験動物の基礎知識や技術を習得する実習科目の計3科目を担当しています。大学院での専攻は家畜の繁殖学であるため専門外の科目が多くなりますが、自分のスキルアップのため、そして何よりも生徒の正しい知識や技術の取得のために責任をもって教壇に立っています。非常勤講師として教壇に立ち始めて最初に悩まされたことは、意外なことに手の震えでした。教育実習を終えて人前に立つのに慣れたと自負していましたが、いざ授業を始めると慣れていないものでした。数ヶ月が経ち授業を行うことに慣れてくると、生徒一人一人の顔色や学習への意欲を観察できる余裕ができてきました。先輩教員の方々が自分のスタイルにあった授業を行うようになるまでに乗り越えてきた緊張や苦労、過程を経験できている気がしていま

す。生徒一人一人の顔色を観察できるようになってきた現在は、教育実習の際にご指摘いただいた「授業が単調でメリハリがない」という課題を解決するために、興味を持ってもらえる話し方や要点を強調することを意識しています。さらに、生徒にとって見やすい板書をする、より興味を持ってもらえるための導入を話せるようになる、生徒主体の授業をするなど課題が書ききれないほどあります。そのためこの先も、生徒の事を一番に考えながら授業の改善を続けていきます。

　非常勤講師として働き始めから今でも悩み続けていることがあります。それは教育実習と今の責任の差です。教育実習の際は自分が学生に受け入れられるか知りたく、生徒と仲良くなることに重きを置いていました。生徒との会話が多く、頼られることも多々あったため、自分は教員の業務をこなせているとまで思っていたこともありました。しかし、現在の立場では生徒と仲良くするだけでは務まりません。公平な評価をするために生徒の授業への関心や態度を観察したり、授業の理解度を正確に把握するためにテストを作成します。これらを観点に生徒一人一人を評価し、その評価は直接生徒の成績となり将来を左右します。また、私が授業した内容は生徒の知識となって社会にでるため、間違った内容を伝えてしまって大きな事故を引き起こす可能性もあります。以上のような教職の責任の重さは働き始める前から頭では分かっていたものの、実際に自分が行ってみるとこれで良いのだろうかと不安にもなります。成績処理をすればパソコンではっきりと生徒の成績が数字化され、授業を行うと生徒は授業内容に疑いを持たずに聞いてくれるため、一人一人の生徒の人生を左右させる教員の責任をひしひしと感じています。この経験から教育実習を行ったことで教員の仕事を知った気になってはいけないと改めて痛感しました。非常勤講師の場合も授業を行う立場であるため、学校運営に携わる先生方の業務のすべてを理解した気になってはいけないと強く思っています。現在の雇用形態では常勤の先生方と比較して生徒への影響力や、求められるものはまだ少ないかもしれませんが、大学院修了後教員になり、常勤し始めると求められるものは大きく変わってきます。そのため、この先の学生生活は生徒への影響力がより大きくなる立場になったらどのようにあり続けなければならないのか、そし

て生徒たちに成長できたと実感してもらうためにはどの様な教育をしたいか模索し続けます。

　以上が非常勤講師として勤務している教育現場で感じたことや、私の今後の目標の一部です。この先も変わらず教育現場と研究現場で自己研鑽しながら教員を目指していきます。現在教職を目指しているみなさんも高い目標を持って、教員になりたいと思い始めた日のことを忘れずに勉学に励んでほしいと思っています。いつか同じ職場で働ける日が来ることを楽しみにしています。

　そして最後に、お世話になった苗川先生、長い間お勤めご苦労さまでした。私が大学院進学への不安を打ち明けた際、親身に相談に乗っていただきありがとうございました。苗川先生のおっしゃったように、この大学院生活は時間を有効活用し、自分を見つめなおしながら、教育現場に飛び込んだ際、即戦力になれるための論理的思考を習得するよう努力し続けます。近い将来、苗川先生が社会へ輩出された先輩教員の方々と一緒に働ける日が来ることを楽しみにしています。今後は益々のご健康とご活躍をお祈り致します。

15. 人生のターニングポイント

佐藤　真子

　私には人生のターニングポイントが2つある。1つ目は教師を志すきっかけとなった高校3年生の出来事だ。当時、家庭の事情から文化祭に参加できないと決まった際、担任の先生は落ち込む私の肩を叩き、両親に参加させて欲しいと直接頼み込んでくれた。「大丈夫か」と肩を叩いてくれた先生の言葉や力強く温かい手は今でも忘れられず、私も先生のように生徒の心に寄り添い、生徒のために行動できるような教師になりたいと強く思うようになった。この経験はまさに私の人生にとって転機であり、一生忘れられない出来事であった。

　2つ目のターニングポイントは大学4年生の時だ。東京農業大学に進学した私は、卒業後に教員を目指すか、大学院に進学するかを決めかねていた。すぐにでも教育現場に行きたいという気持ちと、専門的な知識を身につけたいという気持ちがせめぎ合う中、私は教職課程で指導を受けた苗川先生に相談した。

　苗川先生は教員に対する熱意を持ちながらも、決して意見を押し付けず、学生の意思を尊重してくれる先生であったため、落ち着いて自分の気持ちと向き合うことができた。苗川先生に「どの道へ進んでも、教師になるという目標は変わらないのか」と尋ねられた時、私は進む道によって何が変わるのかを考えることにした。教師という職は勉強を教えるだけではなく、考える力や知識を与え、導く役割もある。農業という道を選択した生徒たちが、自身の未来を狭めぬように、農業の技術だけではなく、より高度で専門的な知識も教える必要がある。しかし、今の自分の未熟な知識では生徒に中途半端な知識しか与えられないだろうと考え、私は大学院進学の道を選ぶことを決意した。

　冒頭でターニングポイントは2つあったと記したが、大学では転機となり得る出来事がたくさんあった。例えば、教職課程では中学高校の理科と農業の教員を志す同期が集まり、各々で目指している教員像につい

て意見を交換し合う場が設けられた。苗川先生は実践的な授業が多く、中でも教育実習前に開講された講義では実際の授業を想定した50分間の模擬講義を行う機会が与えられ、皆それぞれオリジナリティー溢れる授業を展開し、授業の感想や意見を交換しあった。異なる学科、異なる教科で展開される授業は、大変興味深く、自分では考えつかなかったアイデアや新しい考えを得ることで、自分ももっと精進しようと奮い立たせることができた。

　現在、私は大学院で学問と研究に励みながら近隣の農業高校の非常勤講師として勤務している。母校とは違う校風に戸惑いつつも、初めて一人の教員として立った教壇は学生の頃見ていた景色とは全く異なるものだった。教育実習は勝手知ったる母校での実習であったことと、少なからず学生だからという甘えがあったため、教師というよりも生徒の立場に近いように感じていたが、非常勤講師となった今、教師という立場はどれほど責任が重大で、生徒にとって影響力がある存在なのかをひしひしと実感している。勤務先の高校は畜産科のある農業高校であり、生徒たちは畜産という学問に関心を持っている。そのため、授業外でも畜産関連の部活動に励み、興味のある分野については熱心に取り組む生徒が多いように感じた。しかし、一口に農業と言っても一般的な農作業のような実習だけではなく、バイオテクノロジーなどを駆使した科学的な技術に関しても学ぶ必要があるため、生物学などの知識が必要不可欠となる。農業高校は実習がメインで普通科目に関しては普通高校よりも劣るというイメージがあるが、私はそのイメージを払拭したいと考えている。畜産に絡めて生物学を教えることで、生徒は生物学の知識を畜産に応用することができ、さらにその知識を現場に活かすことが出来る。このように知識の応用と活用を生徒自身が考え、実践できることが農業高校の強みであると考える。だからこそ私は自身の受け持つ授業で生物学と畜産学の応用を教えることで、より深い知識を与え、専門的な技術だけではなく、自分の知識を活用できる人材を育てたいと強く思っている。

　次に、後輩たちに同じく教師を志す仲間として伝えたいと思う。教師という職は常に生徒を導く存在でなければならない。生徒たちが学び、成長する姿は達成感を得ることができ、やりがいの多い職だ。しかし、

同時に生徒の貴重な3年間を共に過ごすということは、一生を左右するかもしれない責任が伴うことを忘れてはならない。私自身、非常勤講師ということもあり、生徒と触れ合う時間は限られているが、それでも教育現場に関われることを誇りに思っている。まだまだ人としても教員としても未熟ではあるが、私もいつか今まで自分を導き、支えてくれた先生方のように生徒の心に残り続けられるような教師になりたいと考えている。これから教師を目指す後輩たちには教員免許取得や教員採用試験をゴールだとは思わず、自分がどんな教師になりたいのか、これからどんな教育をしたいのか、自分が生徒に与えられるものは何があるのかをしっかりと考えてほしいと思う。初心忘れるべからずということわざの通り、たとえ教師になる夢を叶えたとしても決して初心を忘れず、自身が思い描いた教員像に向けて努力を惜しまないで欲しい。
　最後に、これまで教職課程でお世話になった苗川先生に感謝の意を伝えたいと思う。私に教師という夢を与えてくれたのが高校の担任だとすると、苗川先生は教師になるための目標を与えてくれた。苗川先生も私が尊敬する教師の一人であり、その恩は感謝しても仕切れない。苗川先生が大学から離れてしまうのは非常に寂しいが、これからも先生の教えを忘れず精進していく所存である。

16. 農業高校の教員を目指す後輩たちへ

山田　吉弘

　私は農業高校出身です。農業高校出身の学生が教員採用試験を受けるさいにこの文章を参考にしてもらえると幸いです。簡単な目次もつけましたので、忙しい方は興味のあるところだけ読んでもらえると嬉しいです。

(1) 受験地
　教採を受けるに当たって、最初に行う事は受験地の選定です。私は合格率を1%でも上げる目的で地元の愛知県を本命として、北海道と千葉県の計3自治体を受験しました。北海道と千葉県を併願した理由は、大きく2つあります。1つ目は、北海道と千葉県の試験日が本命の愛知県より早い日程であったからです。教採は大なり小なり緊張するものです。緊張して力が発揮できないのではお話になりません。そこで場数を踏むことで度胸をつけ、本命の愛知県で緊張が軽減できるようにする為に早い日程である北海道と千葉県を選びました。2つ目は倍率です。教員は地方公務員という特性上、都道府県単位で募集をかける為、都道府県によって採用人数や募集する人数が違う為、倍率が異なってきます。高校農業では都道府県によって大きく差がでます。最小でも北海道が3倍程度、最高だと何と神奈川県が約22倍と大きな差がでています。本命の愛知県は毎年10倍から13倍を推移している為、併願先はそれよりも低い3～5倍の倍率である北海道と千葉県を選びました。ただ、都道府県によっては高校農業の教員を募集していない場合も多くあり、要注意です。

(2) 一次試験の種類と対策
　受験地が決まったら、次は一次試験突破に向けて対策を練りつつ、ひたすらに勉強に取り組みます。主な一次試験の内容として、一般教養と教職教養、専門教養、集団面接です。ただ、北海道では一次試験で面接

はありませんでしたし、千葉県では一般教養において国語と英語のみが毎年出題されています。東京では一般教養自体がありません。このことから都道府県によって一次試験の試験内容も異なってきますので受験地ごとに対策を練る事が大切です。具体的な対策ですが、一般教養や教職教養で一番王道なのは受験地の過去問を何周も解く事だと思います。過去問を解くことで、その自治体の問題に関する傾向やクセが分かるからです。ただ過去問と同じ問題は、ほとんど出ないので過去問だけやって満足していたら高確率で落ちます。ではどうするか。おススメの方法は、月刊誌である「教職課程」で勉強する事です。この雑誌は教員志望者のための情報・教養誌であり、教採対策専門誌でもあります。問題も多数付いており、自慢ではないですが私はこれで3都道府県の一次試験を全て突破しました。教採は人物重視と言われていますが、一次試験はペーパー試験の点が取れなければ足切りされてしまいます。なお、この雑誌は厚木キャンパスの内田屋書房で販売されており、図書室にも最新号が置かれています。図書室に行けばお金をかけずに勉強する事もできるので非常におススメです。専門教養に関しましては、理科であれば雑誌や他の問題集でも対応できますが、農業についてはほとんど扱っていません。頼れるのは過去問ぐらいです。でも、農学を日頃勉強している学生ならば、それほどまで難しくないと考えています。私自身も勉強の割合で言えば、専門教養は一番低かったですが何とかなりました。強いて言えば、農学科の学生は畜産についての勉強を、畜産学科の学生であれば作物や野菜・草花・果樹などの園芸について勉強すれば、良い点が取れると思います。農業の専門教養は大学の農学部の範囲だけでなく、他学部の造園や測量、林業、農業土木、食品製造など、範囲があまりにも広すぎるので全てをカバーするのは至難の業です。

　面接対策ですが、一番ベターなのは大学の教職の先生にみてもらう事です。私はそれに加えて、地元の高校に足を運び、農場長や教頭先生、校長先生に面接対策をしてもらいました。教頭先生は実際に教採の面接官でありますし、校長先生も面接官の経験者です。地元を受験するなら、地元に精通した人に練習をみてもらうのが一番効果的ですよね。それと、去年合格した初任者の先生に面接でどんな事を聞かれたのか、試験全般

の対策をどの様に行っていたのかなどの成功の経験談を聞くのも効果的だと思います。

(3) 勉強について東大生に聞いてみた

　勉強について私のような農業高校あがりのどうしようもない勉強方法を書いても仕方ないので、先日お会いした東大現役合格者の理科2類農学部(2018年時点で3年生)にお会いして、勉強についてお聞きしました。それをQ&Aで記述したいと思います。参考にしてください。

Q なぜ東大へ？
A クラスの周りの多くが東大を目指しており、負けたくない一心で東大を志願しました。
Q 大学の受験勉強はいつ頃からし始めたか？
A 高1の夏からです。
Q 当時の勉強時間はどれぐらいか？
A 授業時間は含めないで高1で3時間。高2で6時間、高3で平日8時間、休日は15時間です。
Q 勉強を通して、嫌気がさして投げ出したくならなかったか？
A よくありましたが、周りに負けたくない精神と根性とやりきりました。
Q そんなに勉強して途中で集中力が途切れないのか？
A 途中で自分が好きな教科を勉強中に挟んで集中力を制御していました。僕は特に数学が好きだったので、苦手な英語が終わったら数学を休憩がてらに勉強していました。これが秘訣です。
Q 実際の勉強法は？
A 教材に関しては科目ごとに自分のレベルにあった教材を選ぶこと。無理して背伸びをしない。僕は要領が悪いからとにかく赤本を中心に勉強を沢山しました。質から量は生まれないが、圧倒的な量は精練された質を生み出すことができると考えています。あと東進とかにも通っていましたし、使えるものは惜しみなく活用していました。
Q 現代ならではの勉強法はあるか？
A 携帯の無料アプリ「Study plus」を活用する事です。このアプリはApp Store 教育無料ランキング1位獲得し、300万人が利用しています。

このアプリは、教材ごとに勉強量や時間を簡単に記録できます。それだけでなく、勉強の進捗が自動でグラフ化でき、同じ目標の勉強仲間をつくり、励まし合えるSNS機能があります。ライバルの勉強量や勉強時間が見えるので、良い意味で焦れて、勉強が捗ります。教員採用試験でも28,000人が活用していますよ。
Q 最後に勉強に励む人に向けて一言。
A 要領の悪い人はとにかく勉強を人一倍して、要領の良い人に追いつき、追い抜きましょう。物量は正義です。

(4) 最後に

　農業高校出身で推薦入学した学生諸君へ。上記に記した通り、教採を受けるに当たって、とにかく勉強してください。普通科出身の人間と比べて一般教養は点が取れないはずです。高校生が8時間から15時間も勉強してるので、君たちに出来ないはずがありません。君がサボっている間にライバルは勉強しています。それに教採の直前は願書作成や教育実習で勉強してる時間はありません。遅くても3年の夏休みから教採の勉強をしましょう。私は、常にギリギリで余裕なく試験に臨みました。ですが、優秀な皆さんなら出来るはずです。頑張ってください。

17. 4年間の教職課程で学んだこと

林　美希

1. 大学生活と教職課程

　私が教員を志したのは、高校生の時である。最初から農業の教員を目指していたわけではなかったが、人の生活の源である農業に魅力を感じ、農業に関わりたいと感じるようになった。そこで、農業に関わりながら、人に物事を教える仕事に就きたいと思い、農業高校の教員を志望するようになった。

　大学に入り、教員免許を取得するため、農業の教職課程を履修した。実際に教職の授業を受けてみると今までは教えられる側であったものが、教える立場になって話を聞くようになり新しい発見や興味が引かれる話が多かったため楽しく授業を受けることができた。

　1、2年生の頃は座学が多かったが、3年生になると教育実習に向けての摸擬授業を行った。先生方のご指導により、良い点と改善した方を細かく知ることができたため、教える技術の向上に繋がった。また、教育実習に望むに当たっての指導の時間も十分にとられ、安心して教育実習を迎えることができた。さらに、3年生になり研究室活動で卒業論文関係の発表をする機会が多くなり、人前で話すことに慣れることができた。そして、教育実習では実際の教育現場での授業や生徒指導などの場面で多くのことを学ぶことができた。このような教職課程の経験を踏まえ、教員採用試験にのぞんだ。

2. 教員採用試験

　私は平成31年度採用岐阜県教員採用試験を受験した。試験一ヶ月前までは、教科書や参考書を用い、ノートにまとめながら一通り目を通した。1ヶ月前になると、過去問に取り組み始めた。過去問を見ても分かるように、試験問題は自分の専門以外の知識も出題される。そのため、新しいことを覚えることが勉強を進めていて、最も難しかったことである。

そして、一次試験を迎え、無事通過することができた。二次試験は小論文と面接であり、対策として、学校で先生に面接練習を見ていただいた。一対一であったため、かなり細かいところまでアドバイスをいただいた。

3. 後輩たちへメッセージ

　教職課程を履修することは、周りの友達より学校生活が忙しく、大変だと感じることが多いと思います。また、就職活動の時期になって、自分だけが就職先が決まらず、辛い時期もあります。私も様々な理由から教職を辞めようと思ったことが多々あります。まだ、正規採用されるかも分からず、不安ではありますが、「ここまでやってきて良かった」と今では感じています。私は、どんな結果であったとしても、周りに流されず自分が決めたことを最後までやり遂げることが大切であると思います。自分が抱いた「教員になりたい」という気持ちを忘れず、教職課程に取り組んでいってください。

18. 教員採用試験に至るまで

上村　尚

　私は、もともとは教師を目指してはいませんでした。私が教職に興味を持ったのは大学1年生の時に行ったボランティアがきっかけでした。その体験を通して本気で教師になろうと決心しました。なにげないことがきっかけになって自分の将来就きたいものが決まることがあるのでボランティアに参加することはお勧めです。教職課程を受け続けることは正直きつく、大変なものです。私は浪人していることから辛いことに対してやり遂げていくことには慣れていましたが、周りの友達が辞めていく中、1人で遅くまで授業を受けないといけないことから私自身も何度かやめようかなと考えることがありました。また、取得する単位数が通常の人より多くなることから勉強する量も増え、教職の他の科目に影響があると考えられることからきついです。教職課程を本気で取ろうと考えている人は、多額のお金もかかっていることから、生半可な気持ちで取り組まず最後までやり遂げるよう本気で取り組むべきだと私は考えています。

　教職課程の授業は、興味をひくものがたくさんありました。ある授業では、授業の導入の段階で生徒の興味を引くためにどういう工夫を行うかなど大変考えさせられました。私は話すことに自信があったので、雑学をまじえながら興味を引くよう話しました。ほかの人は、実際に実験を行ったり、実物を持ってきている人もいました。授業の導入の場面で様々なものを見たり、聞いたりできることはその科目の興味、関心を引くことができるので生徒にとって大切なものだと私は感じました。この方法は教育実習のときに利用しとても役に立ちました。私が教師になった時にも必ず取り入れていこうと思っています。その他にも、色々な場面に遭遇したときの対応の方法など考えさせられ、経験させていただき、私が教師になった時に役立つものだと考えています。また、教職課程の授業は、教員採用試験の対策も含まれていると考えているので、真剣に

取り組むことをお勧めします。どの授業も私にとって良い影響を与えてくれたものばかりでした。

　私が教員採用試験に向けて本格的に勉強をはじめたのは大学3年生の冬頃でした。教養試験では満点が取れるように毎日少しずつ勉強しました。専門試験においては、物理、化学、生物、地学の全てを勉強しないといけません。私は、化学と生物をとっていたのでこの2科目は大丈夫であったが物理と地学に関しては基礎もできていない状態でした。なので、物理と地学に関しては基礎科目に焦点をあて基礎科目は満点取れるように勉強しました。私は、高校理科の生物で受験をしました。自分の得意の科目の生物に関しては満点を取るくらいの気持ちで勉強しました。そうでないと1次試験を突破するのは難しいものだと私は思います。大学3年生の春休みに入る前までは1日2～3時間勉強していました。春休みに入ってからは毎日7～8時間勉強していました。1次試験を突破するためにはとにかく勉強することだと考えています。周りよりか多く勉強することが1次試験突破する方法だと考えます。また、毎週土曜日に開設される教員採用試験対策講座を受講することをお勧めします。2次試験対策や論作文の対策も行えるのでとても役にたちます。私は、大学3年の冬頃から勉強を始めましたが、始めるのが遅かったと感じています。だからはじめるのに早いにこしたことはないのでできるだけ早く始めることをお勧めします。1次試験1か月前にはほとんどの人が教育実習があり、勉強している暇がないので教育実習前には勉強が完成しているとよいと思います。

　最後に教職を目指す方たちへ、私が言えることは、教職はとても大変なことですが、大変な分得られるものはとても多く、貴重な体験もたくさんすることができます。本気で教職を目指すなら最後までやり遂げてほしいです。やり遂げることで自分の自信につながりこれからの事に役立つと思います。また、教員採用試験においては、勉強した分だけ、1次試験突破する可能性が高くなると思っているので満点とるつもりでテクニック云々なしでとにかく勉強してください。本当に勉強した分だけ一次試験突破できます。一次試験の勉強は忍耐力が必要になってきます。試験の始まる日が遅いため、周りの就活組が終わって遊んでいる中、一

人で勉強しなければなりません。一次試験の勉強が一番大変かもしれないですが、必ず終わりは来るので全力で頑張ってください。二次試験においては教職の担当の先生にお願いして対策することをお勧めします。二次試験対策も対策した分だけしか本番で力を発揮することができないと感じたので、友達に力を貸してもらったりしてたくさん対策してください。そうすれば合格することができると私は思います。
　皆さんのご健闘をお祈りしております。

19. 生徒を笑顔に出来る先生を目指して

大山　佳菜

「先生になりたい！」
　私がこう思ったのは、高校3年生の秋でした。私は地元の農業高校で3年間園芸を中心に学び、様々な大会やコンテストに出場し、高校3年次には農業クラブ全国大会意見発表の部に出場しました。全国大会では各ブロックの精鋭がそろっており、全国というレベルの高さに圧倒されました。発表前、不安と緊張でいっぱいだった私を最後まで傍で支えてくれたのが「先生」でした。その結果、大会では最優秀賞を受賞することが出来、優勝して嬉しいという気持ちと同時に「今度は私が教員になって生徒を支える立場になりたい！」と強く思ったのです。この出来事が最大のきっかけとなり農業の教員免許を取得できる東京農業大学に進学しました。
　バイオセラピー学科では人と農業との関係性について学びました。教職課程では、教育の基礎から学び3，4年次では、教員になった時の為に生徒指導の勉強や模擬授業などを主に学びました。また、私は高校農業の教員志望の為、農業科教育法も同時に受講しました。特に模擬授業では、今まで授業を受ける側だった自分が生徒に教える側になるという経験をし、沢山挫折を味わいました。その時は授業を行うということが精一杯でした。
　4年になり、母校での教育実習では様々な事を学ぶ事が出来ました。授業をする以外にも教員がどういった一日を過ごすのかを目の当たりにし、生徒と接することの難しさを実感しました。はじめは生徒とどのような距離を測っていけばよいかが分からず、生徒を不安にさせてしまっていました。しかし授業やHR活動で生徒と触れ合ううちに、生徒もだんだんと心を開いてくれるようになり、私が授業をする際には多くの生徒が協力的に参加してくれました。授業を作る機会も多く頂き、どうしたら生徒にとって分かりやすい授業ができるのか、試行錯誤の日々が続

きました。そして私の担当する最後の授業で生徒たちが「先生の授業面白かったよ！」「もっと先生の授業受けたかった！」と駆け寄ってくれました。その時私は大きな喜びを感じることが出来ました。同時に、「生徒を笑顔に出来る先生になりたい」と強く思いました。

　教員を目指すにあたって、私自身何度も躓いたのが一般教養です。農業高校出身ということもあり、大学に入ってからの勉強が大変でした。また、正直なところもっと早くから採用試験の勉強をしておけばよかったとも思っています。農業の教員採用試験を受ける際には、一般教養、教職教養、農業の知識が必要であり、実際の試験で農業の知識に関しては自分の知っているレベルでは補えない難易度の問題が多く出題されました。この経験から日頃から様々なことを学ぶ姿勢、物事に幅広く取り組む姿勢がいかに必要かということが分かりました。

　今後教員を目指す皆さんに一番伝えたいことは、一緒に戦える仲間を作る。ということです。教員採用試験はもちろん個人の戦いです。しかし、多くの人が言うように人は一人では何もできません。同じ目標を持つ仲間、お互いを高め合えるような仲間を持つ事が、私は大切だと考えています。教職教養の勉強や、模擬授業、面接対策、なによりお互いの近況や受験する地域の情報などを交換し合うことで、視野が広がります。実際に私も同じ目標を持つ仲間がいたからこそ、最後までやり抜くことが出来ました。私が教員採用試験を受けることができたのは一緒に頑張った仲間がいるからです。ですから皆さんも周りにいる仲間を大切に、目標を持って頑張ってほしいと思います。

20. 理科教育法Ⅱ授業の中から

山本　葵

「教員志望の理由」

　第1に安定した職業である。第2に生徒の成長を間近に見ること。

「理科教育法Ⅱを学んで」

　生物だけでなく化学・物理・地学など他の科学教科について学んだことにより、幅広い知識が授業の質を上げる手助けになるなと考えました。このことから、化学・物理は苦手なのですが勉強をしていこうと思いました。

　生物以外の科学教科について授業のコツについて教えていただいたことが、教育実習に活かされればいいなと思います。また、苗川先生の教員時代のお話を聞いて、工夫することの大切さを学びました。自分も今後どうなるかわかりませんが、どんな所でも工夫して一生懸命やっていきたいと思いました。

　教育実習の先輩方の映像を見れたことは、自分の教育実習にとても役立ったと思います。教育実習に行く前に、先輩たちの実習風景を見たことによって少し心に余裕が持てたと感じました。

「今日の一品の模擬授業を今後の生活にどのように活かしていきたいか」

　私は、教員志望なので、今日の一品は今後も活用したいと思っています。また、今日の一品という、その単元を端的に表現することのできるものを授業の始めに紹介するという方法は、日常のコミュニケーションにおいても、役に立つものだと思います。誰かに何かを説明する時に、説明内容の概要や印象的なものを提示すると、その内容が頭に入りやすくなります。そのことを、理科教育法授業で身をもって体感することが出来たので、この経験を今後の日常生活でも活かしていきたいと思います。

21. 理科教育法Ⅱ授業の中から

佐藤　桃子

「教員志望の理由」

　教員になろうと考え始めたのは、尊敬できる先生がいたからである。元々、生き物と関わる仕事がしたいと思っていて、その中で教師は良い仕事だと思ったのが教師志望の理由であった。しかし、学んでいくうちに強く志望する理由は、「命の大切さを伝えたい」ことだと思った。農業科でも理科でも教師であれば、生命の偉大さ、尊さ、進化、技術の発達、興味・関心を持つことの大切さを多くの子供に伝えられると考えた。教師になったときには、生徒が様々な分野に触れ知る機会を設けたい。そのために、大学時代に自分自身の経験を増やすとともに、人のつながりを強めようと考えている。生徒自身が夢を見つけ、なりたいものになれる手助けができれば良いと思う。

「理科教育法Ⅱを学んで」

　物理・地学分野の導入・展開・まとめが参考になった。特に地学の天体では、地球・月・太陽をモデルにした球を使ったものは、教室全体を使うことができるため、生徒の興味をひけると思った。また、教育実習の動画を見たことは、良いところ悪いところを客観的に見ることができ参考になった。実際の授業を見たことで、来年の教育実習のイメージがつかめ、目標などを考えることができた。
　理科教育法は、多くのアイデアに触れることができるため、その発想力は理科だけでなく他教科にも役立たせることができると思う。

「今日の一品の模擬授業を今後の生活にどのように活かしていきたいか」

　模擬授業で「今日の一品」となる教材は、身の回りに沢山あることを知った。「今日の一品」は日常にあるものとアイデアがあれば創りだすこと

ができる。生活している中で視点を変えるだけで研究することができるため、今後の教育実習や教員になったときの教材研究に活かしたい。
　苗川先生の授業は、すごく面白かったです。教材を考えるときに教室でできる可能性を考えてしまいますが、苗川先生は、隣の教室に音が響たり、教室が汚れるようなことも気にしていませんでした。そのような授業は、生徒にとって本当に面白い授業でした。自分の中で、教室の中でできることの世界が広がりました。

22. 理科教育法Ⅱ授業の中から

山下　愛海

「教員志望の理由」

私の父が教員で、小さい時に見て興味を持ったことがきっかけとなっています。その後、高校で出会った先生が教員志望の理由につながっています。勉強を教えることが分かりやすいだけでなく、自分の話を正面から聞いてくださったり、相談をして考えが楽になったときが沢山あったりしたので、自分もそういうことができる先生になりたいと考えました。

「理科教育法Ⅱを学んで」

理科教育法では実際にどのように教えたら良いのか、板書したらよいのかなど実践的なことを学びました。それを踏まえてどのように授業を展開していくのか、どのように生徒に興味を持たせるのかを考えることができました。模擬授業がとても役立っています。

　苗川先生の授業は私たちにも楽しめるような授業で、私たちが楽しいということは生徒も楽しいと思うだろうなと思いました。先生が授業の最初に行なっていた今日の一品はとても楽しみだったので、私も授業をする際に取り入れたいと思いました。また、何か実物を見せていただいた授業がとても多く、プリントやスライドだけよりも分かりやすかったので、実際に見て触ってみるということは大事だということを学びました。そのことで、普段の生活の中で教材にできるものはないかと探すようになり、理科の分野を平面ではない授業として展開していくにはどうすれば良いのかということを考えるヒントになりました。他にも、自分の専門分野ではない分野を教えるときにはどうしたらよいかも教えていただいたので、教育実習で焦らずに授業をすることができると思いました。

　理科教育法では、実践的なことをとても楽しく学ぶことができました。先生自身が楽しんで教えてくださったので、私も楽しむことができました。また生徒1人1人を見てくださるのがとても伝わってくる授業で、

コミュニケーションを大事にしているということを感じました。先生と生徒の関係ができていると授業を受ける側も楽しめることを実感し、教員を目指す大きなきっかけを持つことができる授業でした。感謝しています。

「今日の一品の模擬授業を今後の生活にどのように活かしていきたいか」
人に興味を持ってもらうためにどのように話したら良いのか、テーマは何を持って来れば良いのか、どのように伝えたら良いのかなど、今日の一品を考える中でとても注意しました。分かりやすい発表を考える時、自分だったらどういう発表が分かりやすいのかを考えるようにしていて、相手に何かを伝えるということを真剣に考えるとても良い機会でした。この経験を研究室の発表や将来教員になったときに活かしたいです。

23. 理科教育法Ⅰ授業の中から

長谷川　萌

「これまでの学校教育の中で影響を受けた理科授業または理科教師について」
　高校3年生の頃、通っていた塾の生物の先生の授業は素晴らしかった。板書は絵がほとんどで、文字は説明のために少しあるだけだった。チョークで線を引くと、ガタついた線になりがちだが、その先生は均等な太さでなめらかに線を引くことが出来、その線で描かれた絵は大変美しいものであった。対照的に高校生物の先生は、文字しか板書せず視覚的につまらない授業だった。わかりやすい絵で、人体の体液の流れや植物の物質の移動を説明される、文字を追うよりもずっと頭に入ることがわかり、絵で説明することの素晴らしさを知った。視覚を刺激する授業はおもしろい、加えて、塾の先生は、大切なことは2回繰り返して話すため、聞き逃したとしても安心であるうえ、記憶に残りやすかった。

「理科教育法Ⅰを学んで」
　「今日の一品」は、授業を行う上で生徒を引き付けるために、実に効果あるものであり、工夫もできる。「今日の一品」を知れたことは、ためになった。この授業では、雲の名前のつき方など知って得する情報をたくさん得た。
　授業をつくるうえで大切なことを多く知った。実物を触って学ぶことは、ただ板書するだけの授業よりも良い。特殊な粘土を用いて胚発生について学ぶのは新鮮に感じた。
　苗川先生が楽しそうに授業を行っているのが印象的だった。毎回の「今日の一品」は、とても興味深いことで、授業に来るのが楽しかった。毎回の個人ワークも、自らの頭を整理させるのに効果的だった。苗川先生の授業を自分の高校時代に受けたかったと何度も思った。

24. 理科教育法Ⅰ授業の中から

宮澤　宏大

「これまでの学校教育の中で影響を受けた理科授業または理科教師について」
　中学の時の理科の先生がとくに自分を理科の道に目覚めさせてくれた。その先生は、学校近くの動植物はもちろん、外国のおもしろい動植物などを紹介してくれたり、自分たちの興味を引きつけてくれる先生でした。最初の授業では、学校の周りの植物は種類が多いのに、生徒の質問（植物名など）に全て答えていた。それには驚きました。知識量が多いなと感じました。ウルシと無害な植物の違いやヘビイチゴとラズベリーの比較なども話していました。海外の動植物では、地面から水分を伝わせて来るトカゲや人が何人もいないと囲えないメタセコイヤなど、話し方もうまかったし、授業を退屈だと感じませんでした。実物提示では、何かの昆虫が入った琥珀を授業に持ってきたり、道で拾ったセミの抜け殻も見せていました。思い返してみると、生物や物事に対する知識量とそれを引き出せる臨機応変さや話術が尊敬できたことです。見る人を飽きさせないスキルを感じさせました。

「理科教育法Ⅰを学んで」
授業の進め方、内容、方法など授業するうえで大事なことが詰め込まれた内容で、様々なところに役立つことがありました（導入の流れや生徒への対応など）。
　今日の一品の大事さ、実物教授の大切さ、それがメインテーマでした。生徒の心をしっかりとつかみ、生徒を飽きさせない工夫が一番のヒントになりました。
　いつ来ても、いつ受けても、とても楽しい、本当に楽しさを教えてくれる授業でした。今日の一品は、私の考えに深くささりました。自分も授業をする機会があれば、是非「今日の一品」を使います。

25. 理科教育法Ⅰ授業の中から

三枝　俊介

「これまでの学校教育の中で影響を受けた理科授業または理科教師について」

　小学校の理科の教科担任だった先生の影響は大きかった。「濃度を上げるにはどうすれば良いか、理科室にあるものを使ってやってみよ」という実験は、とても印象に残っている。

　また何気ない疑問にも真剣に向き合ってくださった。気象図をプリントアウトして説明してくださった時は、ある種の感動を覚えた。経験豊富な先生で、面白い地形の写真なども持って下さった。高校は、科学技術科だったので、様々な実験を経験できた。課題研究は、大学に向けて良い経験になった。顧問の先生は様々な場所に生徒たちをつれていってくださった。自然から離れていた私にとって、とても「良い経験」となった。

「理科教育法Ⅰを学んで」

　授業の実例を見ることができ、あやふやだった授業のイメージが見えてくるようになった。物理や地学分野など教えられるのか不安だった分野を教える方法が分かった。

　苗川先生の持つ様々な写真や一品を見て、教師には引き出しの多さが必要不可欠だと思った。これから色々な場所の写真などを撮っておきたい。模擬授業で行った他の学生たちの一品も授業の内容を考えるヒントになった。

　最近は、インターネットで検索してしまえば、何でも画像や動画が出てくる。誰もがそれに満足し、知っている気になっている。そんな人々が実物を見せて、触れたり、匂いを嗅いだりした時、大きな驚きがあると思う。知識を得ることは多くの人ができる。しかし、実物を見て考えることは、きっかけを与えなければできない。私は、そのきっかけを与える教員になりたい。

執筆者紹介（掲載順）

杉原敬弥(すぎはらけいや)宮城県生まれ。2015年農学部畜産学科卒業。
現在，宮城県大崎市立瀬峰中学校理科教諭。

真下知沙（ましもちさ）群馬県生まれ。2015年農学部農学科卒業。
現在，群馬県立安中総合学園高校農業科教諭。

平澤怜子(ひらさわれいこ)宮城県生まれ。2015年農学部畜産学科卒業。
現在，兵庫県神戸市立横尾中学校理科教諭。

山田朋里（やまだほうり）東京都生まれ。2016年農学部農学科卒業。
同年〜2018年3月まで川崎市立大師中学校教諭。現在，学童保育の現場で，教育活動に取り組みながら毎月科学実験教室を開催している。

吉澤冬弥（よしざわとうや）埼玉県生まれ。2016年農学部バイオセラピー学科卒業。
現在，埼玉県立羽生実業高校農業科教諭。

菅原礼太郎（すがわられいたろう）神奈川県生まれ。2017年農学部畜産学科卒業。
現在，栃木県立真岡北陵高校農業科教諭。

小泉幸太(こいずみこうた)神奈川県生まれ。2017年農学部農学科卒業。
現在，神奈川県立三浦初声高校農業科教諭。

斎藤皓平（さいとうこうへい）青森県生まれ。2017年農学部バイオセラピー学科卒業。
現在，山梨県立山梨農林高校農業科教諭。

江田匠（えだたくみ）神奈川県生まれ。2017年農学部畜産学科卒業。
現在，兵庫県神戸市立岩岡中学校理科教諭。

田村夏希（たむらなつき）神奈川県生まれ。2016年農学部バイオセラピー学科卒業。2018年バイオセラピー専攻博士前期課程修了。
現在，日本体育大学荏原高等学校理科教諭。

井坂伸樹（いさかのぶき）茨城県生まれ。2018年農学部農学科卒業。
現在，茨城県立日立第二高校理科教諭。

金井一成（かないいっせい）群馬県生まれ。2016年農学部農学科卒業。
現在，東京農業大学大学院農学研究科農学専攻博士前期課程2年在学中。

堀このみ（ほりこのみ）広島県生まれ。2017年農学部畜産学科卒業。
現在，東京農業大学大学院農学研究科畜産学専攻博士前期課程2年在学中。

相沢拓郎（あいざわたくろう）神奈川県生まれ。2018年農学部畜産学科卒業。
現在，東京農業大学大学院農学研究科畜産学専攻博士前期課程1年在学中。神奈川県立中央農業高等学校非常勤講師。

佐藤眞子（さとうまこ）神奈川県生まれ。2018年農学部畜産学科卒業。
現在，東京農業大学大学院農学研究科農学専攻博士前期課程1年在学中。神奈川県立中央農業高等学校非常勤講師。

山田吉成（やまだよしなり）愛知県生まれ。2018年農学部畜産学科卒業。
現在，東京農業大学教職課程科目履修生在学中。
2019年度からの教員を目指して取り組んでいる。

林美希（はやしみき）岐阜県生まれ。現在，東京農業大学農学部農学科4年在学中。
2019年度からの教員を目指して取り組んでいる。

上山　尚（かみやまたかし）宮崎県生まれ。現在，東京農業大学農学部畜産学科4年在学中。2019年度からの教員を目指して取り組んでいる。

大山佳奈（おおやまかな）群馬県生まれ。現在，東京農業大学農学部バイオセラピー学科4年在学中。2019年度からの教員を目指して取り組んでいる。

山本　葵（やまもとあおい）東京都生まれ。現在，東京農業大学農学部農学科3年在学中。2020年度からの教員を目指して取り組んでいる。

佐藤桃子（さとうももこ）東京都生まれ。現在，東京農業大学農学部畜産学科3年在学中。2020年度からの教員を目指して取り組んでいる。

山下愛海（やましたあいみ）東京都生まれ。現在，東京農業大学農学部バイオセラピー学科3年在学中。2020年度からの教員を目指して取り組んでいる。

長谷川萌（はせがわもえ）東京都生まれ。現在，東京農業大学農学部農学科2年在学中。
2021年度からの教員を目指して取り組んでいる。

宮澤宏大（みやざわこうだい）東京都生まれ。現在，東京農業大学農学部畜産学科2年在学中。2021年度からの教員を目指して取り組んでいる。

三枝俊介（さえぐさしゅんすけ）東京都生まれ。現在、東京農業大学農学部バイオセラピー学科2年在学中。2021年度からの教員を目指して取り組んでいる。

編者紹介

苗川博史（なえかわひろふみ）東京都生まれ。東京農業大学農学部卒。東京学芸大学大学院教育学研究科理科教育専攻修士課程修了，修士（学術）。広島大学大学院生物圏科学研究科にて博士（学術）取得。神奈川県の私立高校教諭および管理職，東京学芸大学・東都医療大学・東京農業大学非常勤講師を経て東京農業大学教職・学術情報課程教授。この間，青山学院大学理工学部非常勤講師を兼務。現在，理科教育の教材開発および研究を行っている。また，ライフワークとして羊・山羊の音声コミュニケーションと放牧行動管理の研究を国内外で調査している。

現住所：〒253-0001 神奈川県茅ヶ崎市赤羽根 524-2
naekawa@jcom.home.ne.jp

教育のバトンタッチ
－より遠く・より深く－

2018年12月25日　初版第一刷発行

編　者　　苗川　博史

発行者　　柏木　一男

発行所　　世音社
　　　　　〒173-0037
　　　　　東京都板橋区小茂根 4-1-8-102
　　　　　TEL/FAX　03-5966-0649

印刷所　　株式会社ピー・アンド・アイ

ISBN978-4-921012-26-7　C1037